실용 기초 프랑스어

FRANÇAIS DE BASE PRATIQUE

| 김선미 지음 |

신아사

머리말

프랑스어는 유엔(UN)이나 국제적십자(IRC), 국제올림픽위원회(IOC), 국제연합(UPU), 유럽연합(EU) 등 국제무대에서 공식적으로 사용되는 국제·외교 언어이며, 전 세계 40여 개국에 걸쳐 광범위하게 통용되는 언어입니다. 따라서 영어 이외에 제2외국어로 프랑스어를 구사할 수 있다면 글로벌한 시대에 다른 사람들과 차별화되는 경쟁력을 가질 수 있을 것입니다.

필자는 다년간 대학에서 프랑스어를 가르친 경험을 토대로 프랑스어를 처음 접하는 초보 학습자들이라도 쉽게 프랑스어를 이해하면서 끝까지 흥미를 잃지 않고 학습할 수 있는 '실용 기초 프랑스어'를 만들게 되었습니다.

12개의 일상적인 기초 회화 테마로 엮어진 본서는 기본적인 문법을 바탕으로 의사소통의 4가지 기능을 함께 습득할 수 있도록 꾸몄으며 또한 학습의 효율성을 높이기 위해 다음과 같이 구성하였습니다.

1. 간단한 핵심 문법 : 매 과마다 기초 회화 습득에 필요한 문법을 간단히 설명하였고 연습문제를 통해 주요 문법 사항들을 복습할 수 있도록 하였습니다.
2. 대화문 듣기 : 2개의 대화문을 원어민 녹음을 통해 반복적으로 들어보도록 하였습니다.
3. 대화문 이해 : 2개의 대화문을 읽어보고 주어진 단어장을 이용하여 스스로 해석하면서 문장을 이해해보도록 하였습니다.
4. 짧은 내용의 프랑스어 쓰기 : 배운 문법과 어휘들을 응용 및 활용하여 짧은 스토리를 직접 프랑스어로 써보게 하였습니다.
5. 프랑스어 말하기 : 주어진 대화문의 내용을 파악해보고 옆 친구와 자연스럽게 대화를 나누어 보도록 하였습니다.

위의 방법으로 꾸준히 반복적으로 학습하다보면 일상생활과 관련된 기초적인 의사소통 능력 즉, 듣고 읽고 쓰고 말하는 능력을 향상시킬 수 있으리라 생각됩니다.

모쪼록 본서를 통해 처음 프랑스어를 공부하는 학습자들이 프랑스어가 쉽고도 아름다운 언어라는 것을 경험하면서 프랑스어 학습에 만족스런 성과를 얻을 수 있기를 바랍니다. 마지막으로 이 책을 기꺼이 출판해 주신 도서출판 신아사와 프랑스어 녹음과 수정에 도움을 준 Sebastien LORQUET, Rita Panetta, Solleap OH 에게도 진심으로 고마운 마음을 전합니다.

목 차

LEÇON 0

알파벳과 발음

알파벳

프랑스어 알파벳은 26개이다. (이 중 모음은 6개(a, e, i, o ,u, y)이며 나머지 20개는 자음이다.)

알파벳	발음하기
A [아]	
B [베]	위아래 입술을 붙였다 떼면서 발음한다.
C [쎄]	
D [데]	
E [으]	입모양은 '우', 소리는 [으]에 가깝게 한다.
F [에프]	
G [줴]	입모양은 '우', 소리는 [제]에 가깝게 한다.
H [아쉬]	
I [이]	
J [쥐]	입모양은 '우', 소리는 [쥐]에 가깝게 한다.
K [까]	
L [엘]	
M [엠]	
N [엔]	
O [오]	
P [뻬]	
Q [뀌]	
R [에~흐]	[r]는 목젖이 떨리며 나는 소리이다.
S [에쓰]	
T [떼]	
U [위]	입모양은 '우', 소리는 [이]에 가깝게 한다.
V [베]	윗니를 아랫입술에 닿은 상태에서 발음한다.

W [두블르베]	
X [익쓰]	
Y [이그핵]	
Z [제드]	

발음

[1] 구강 모음 : 발음할 때 공기가 입으로만 나오는 소리이다.

발음	철자	보기
[ɑ]	a, â	pas, âge
[a]	a, à	madame, là
[e]	e, é	et, café
[ɛ]	è, ê	mère, fête
	ai, ei	maison, neige
	*e 다음에 자음이 올 경우	merci, elle
[ə]	e	le, de, ce
[i]	i, î, ï, y	ami, île, naïf, lycée
[ɔ]	o, au	robe, saute
[o]	o, ô	mot, bientôt
	au, eau	chaud, beau
[u]	ou	tout
[y]	u, û	tu, sûr
[ø]	eu, œu	deux, vœux
[œ]	eu/œu + 발음되는 자음	peur, sœur
[wɑ]	oi	voici

[2] 비모음 : 발음할 때 공기가 입과 코를 통해 나오는 소리이다.

발음	철자	보기
[ɑ̃]	an, am, en, em	dans, lampe, enfant, temps
[ɔ̃]	on, om (끝자음 또는 m/n + 자음)	pont, nom
[ɛ̃]	in, im, ain yn, ym, en	vin, simple, pain syntaxe, sympatique, bien
[œ̃]	un, um	brun, parfum

✱ 비모음 다음에 자음이 겹치거나 모음이 오면 비모음은 사라진다.

발음	철자	보기
[m]	mm nn	homme bonne
[n]	m + 모음 n + 모음	madame animal

[3] 주의해야 할 자음

발음	철자		보기
[k]	c	+ a, o, u	café, école, cuisine
[s]		+ e, i	France, ciel
[g]	g	+ a, o, u	gant, goût, aigu
[ʒ]		+ e, i	ange, gilet

[g]	gu	baguette
[k]	qu	qui
[f]	ph	philosophie
[z]	모음 + s + 모음	parisien
[s]	x	dix
[z]		dixième
[ks]		taxe
[gz]		exercice
[s]	sc	science

✱ 알아둘 자음 규칙

① 단어의 마지막 자음은 원칙적으로 발음하지 않는다. 단 c, f, l, r, q는 예외적으로 발음되는 경우가 많다.

avec, neuf, ciel, bonjour, coq

② h는 언제나 발음하지 않는다. 무음 h는 모음처럼 취급하여 무음 h 앞에서는 연음 또는 모음축약이 이루어지는 반면, 유음 h는 자음처럼 취급하여 연음이나 모음축약을 하지 않는다.

무음 h: deux‿hommes / 유음 h: deux héros

③ c, p, t 는 r 앞에서 경음 [ㄲ, ㅃ, ㄸ]가 격음 [ㅋ, ㅍ, ㅌ]로 발음한다,

crayon, printemps, train

연독

연독은 발음되지 않는 단어의 마지막 자음을 모음이나 무음 h로 시작하는 단어와 연결하여 읽는 것을 말한다.

[1] 연독하는 경우

① 관사 + 명사 / 관사 + 형용사 + 명사

un‿appartement, les bons‿amis

② 부사 + 형용사 / 부사 + 부사

très‿adorable, pas‿encore

③ 인칭대명사 + 모음 또는 무음 h로 시작되는 동사

vous‿êtes, nous‿habitons

④ 전치사 + 대명사 / 전치사 + 명사

avec‿elle, en‿été

[2] 연독하지 않는 경우

① et 다음

grand et agréable

② 단수 명사 + 형용사

un enfant aimable

③ 명사 주어 + 동사

L'étudiant est grand.

④ oui 앞에서

mais oui

LEÇON 1

인사와 이름 표현하기

핵심 문법

1. 주어 인칭대명사
2. 강세형 인칭대명사
3. 1군 규칙동사
4. 1군 규칙동사 변칙형 s'appeler
5. 3군 불규칙동사 aller

핵심문법

■ 주어 인칭대명사

주어 인칭대명사는 1인칭, 2인칭, 3인칭 단수와 복수로 나뉘며 사람과 사물을 대신한다.

(1) 형태

인칭		단수	복수
1인칭		Je 나는	Nous 우리들은
2인칭		Tu 너는	Vous 너희들은, 당신은, 당신들은
3인칭	남성	Il 그는	Ils 그들은
	여성	Elle 그녀는	Elles 그녀들은

(2) 용법

1) 2인칭 tu

손아랫사람, 가족이나 친구와 같이 친한 사이 또는 나이 차이가 있어도 서로 잘 알고 있는 사이일 때 사용한다.

2) 2인칭 vous

tu의 복수형으로 '너희들이'이라는 의미로 사용하기도 하고 존칭으로 '당신께서, 당신들께서'의 의미로도 사용한다.

3) 3인칭 il/elle과 ils/elles

프랑스어에는 사물에도 성이 있기 때문에 il/elle, ils/elles은 사람 이외에도 사물을 지칭하여 '그것은, 그것들은'의 의미로 사용한다.

스피드 문제

- 다음 명사에 해당하는 주어 인칭대명사를 써보세요.

  (1) Pierre →

  (2) Sylvie →

  (3) stylo (m. 연필) →

  (4) Pierre et Luc →

  (5) stylo et gomme (f. 지우개) →

■ 강세형 인칭대명사

강세형인칭대명사는 주어인칭대명사와 형태가 동일한 것과 동일하지 않은 것이 있다.

(1) 형태

인칭		단수	복수
1인칭		Moi 나	Nous 우리들
2인칭		Toi 너	Vous 너희들, 당신, 당신들
3인칭	남성	Lui 그	Eux 그들
	여성	Elle 그녀	Elles 그녀들

(2) 용법

1) 인칭대명사를 강조할 때 사용한다.

ex) Lui, il aime Paul. 그, 그는 폴을 좋아한다.

Elle, elle est étudiante. 그녀, 그녀는 학생이다.

2) 동사 없이 단독으로 사용한다.

ex) Et toi ? 그런데 너는? / Et vous ? 그런데 당신은요?

3) C'est 뒤에 쓰인다.

ex) A: C'est toi ? 너니 ?

B: Oui, c'est moi. 응, 나야.

4) 전치사 뒤에 사용한다. (avec, pour....)

ex) Elle habite avec moi. 그녀는 나와 함께 산다.

Il travaille pour toi. 그는 너를 위해 일한다.

5) et, ou와 함께 사용한다.

ex) Toi et moi, nous aimons Paris. 너와 나, 우리는 파리를 좋아한다.

스피드 문제

■ 다음 ( ) 안에 알맞은 강세형 인칭대명사를 써보세요.

(1) ( ), il est étudiant. 그, 그는 학생이다.

(2) C'est ( ) ? 당신입니까?

(3) C'est pour ( ). 이것은 나를 위한 겁니다.

(4) Je suis avec ( ). 나는 그들과 함께 있다.

(5) ( ), tu vas très bien. 너, 너는 매우 잘 지낸다.

■ 1군 규칙동사

프랑스어 동사는 동사 어미에 따라 1군 동사, 2군 동사, 3군 동사로 분류한다.

1군과 2군 동사는 동사의 변화형이 규칙적으로 변화하지만 3군 동사는 동사의 변화형이 불규칙하게 변화한다. 따라서 1군과 2군 동사를 규칙동사, 3군 동사를 불규칙동사라고 한다. 먼저 1군 규칙동사에 대해 살펴보자.

(1) 형태

1군 동사는 동사의 어미가 –er로 끝나는 동사로, 동사 어미 -er 을 없애고 그 자리에 인칭에 따라 -e, -es, -e, -ons, -ez, -ent를 붙여 동사변화를 시킨다.

je	-e	nous	-ons
tu	-es	vous	-ez
il/elle	-e	il/elle	-ent

☞ -e, -es, -e, -ent 는 발음하지 않는다.

	parler 말하다	habiter 살다	aimer 좋아하다
je(j')	parle	j'habite	j'aime
tu	parles	habites	aimes
il/elle	parle	habite	aime
nous	parlons	habitons	aimons
vous	parlez	habitez	aimez
ils/elles	parlent	habitent	aiment

(2) 용법

1) je는 모음 (a, e, i, y, o, u) 또는 무음 h로 시작하는 단어 바로 앞에서 j'로 축약 된다.

ex) Je aime Paul. (x) → J'aime Paul. (0) 나는 폴을 좋아한다.

Je habite à Paris. (x) → J'habite à Paris. (0) 나는 파리에 산다.

2) 현재 시제로 지금 이루어지고 있는 일을 표현하거나 언제나 변함없는 사실을 나타낸다.

ex) Il parle avec Paul. 그는 폴과 얘기한다.

Elle habite à Suwon. 그녀는 수원에 산다.

Nous aimons Paris. 우리는 파리를 좋아한다.

■ 1군 규칙동사 변칙형 : s'appeler

s'appeler는 어미가 -er로 끝나는 1군 규칙동사이지만 발음 관계로 어간에 약간의 철자가 달라진다.

s'appeler 이름이 ~이다			
je tu il/elle	m'appelle t'appelles s'appelle	nous vous ils/elles	nous appelons vous appelez s'appellent

ex) A: Tu t'appelles comment ? B: Je m'appelle Paul.
너의 이름은 뭐니? 내 이름은 폴이야.

A: Elle s'appelle Sophie ? B: Oui, elle s'appelle Sophie.
그녀의 이름은 소피니? 응, 그녀의 이름은 소피야.

스피드 문제

■ 다음 밑줄 친 부분에 Je 또는 J' 중 알맞은 형태를 넣어보세요.

(1) .... achète une pomme. 나는 사과 하나를 산다.

(2) ....regarde la tour Eiffel. 나는 에펠탑을 본다.

(3) ....étudie avec Paul. 나는 철수와 공부한다.

(4) ...... habite à Paris. 나는 파리에 산다.

■ 다음 ( ) 안에 주어에 따른 동사를 알맞게 변화시켜 보세요.

(1) Elles ( ) la télévision. → regarder

(2) Tu ( ) à Paris ? → travailler

(3) Il ( ) avec moi. → dîner

(4) Nous ( ) ensemble. → marcher

(5) Elle ( ) Sophie. → s'appeler

■ 3군 불규칙동사 aller

aller 동사는 –er로 끝나지만 예외적으로 3군 불규칙 동사에 속한다. 동사변화는 다음과 같다.

aller 지내다, ~에 가다			
je tu il/elle	vais vas va	nous‿ vous‿ ils/elles	allons allez vont

ex) A: Tu vas bien ?
너는 잘 지내니?

B: Oui, je vais bien.
응, 나는 잘 지내.

A: Vous allez à Paris ?
당신은 파리에 가십니까?

B: Non, je vais à Lyon.
아니요, 저는 리용에 갑니다.

스피드 문제

■ 다음 ( ) 안에 aller 동사를 알맞게 변형시켜 보세요.

(1) Moi, je ( ) bien.

(2) Elle ( ) bien ?

(3) Nous ( ) très bien.

(4) Pierre et Sophie ( ) bien.

대화문 듣기

상황 1

Homme : Bonjour, Madame !
Femme : Bonjour, Monsieur ! Vous allez bien ?
Homme : Oui, je vais très bien, merci. Et vous ?
Femme : Moi aussi, très bien. Bonne journée !
Homme : Vous aussi. À bientôt !

상황 2

Paul : Bonjour !
Sylvie : Bonjour !
Paul : Moi, je m'appelle Paul. Et toi ?
Sylvie : Moi, je m'appelle Sylvie.
Paul : Enchanté.
Sylvie : Enchantée. Au revoir, Paul.
Paul : À bientôt. Bonne soirée !

상황 3

Paul : Salut Sylvie, ça va ?
Sylvie : Oui, ça va très bien. Et toi ?
Paul : Pas mal. À tout à l'heure, Sylvie.
Sylvie : À tout à l'heure.

대화문 읽기

주어진 단어장을 참고하여 대화문을 해석해보세요.

상황 1

단어장

Bonjour ! 안녕!, 안녕하세요! madame f. (기혼여자에 대한 존칭) 부인 monsieur m. (남자 이름, 칭호 앞에서) 씨 bien 잘 très 매우	Merci. 감사합니다. aussi 또한 Bonne journée ! 좋은 하루 보내세요! À bientôt ! 또 만나요!

Homme : Bonjour, Madame !

[ ]

Femme : Bonjour, Monsieur ! Vous allez bien ?

[ ]

Homme : Oui, je vais très bien, merci. Et vous ?

[ ]

Femme : Moi aussi, très bien. Bonne journée !

[ ]

Homme : Vous aussi. À bientôt !

[ ]

상황 2

단어장

enchanté(e) 반가워요 Au revoir ! 또 만나요!	Bonne soirée ! 좋은 저녁 보내세요!

Paul : Bonjour !

[ ]

Sylvie : Bonjour !

[ ]

Paul : Moi, je m'appelle Paul. Et toi ?

[ ]

Sylvie : Moi, je m'appelle Sylvie.

[ ]

Paul : Enchanté.

[ ]

Sylvie : Enchantée. Au revoir, Paul.

[ ]

Paul : À bientôt. Bonne soirée !

[ ]

상황 3

단어장

Salut ! 안녕! Pas mal. 나쁘지 않아.	À tout à l'heure. 조금 이따 보자.

Paul : Salut Sylvie, ça va ?

[ ]

Sylvie : Oui, ça va très bien. Et toi ?

[ ]

Paul : Pas mal. À tout à l'heure, Sylvie.

[ ]

Sylvie : À tout à l'heure.

[ ]

프랑스어 쓰기

주어진 단어장을 참고하여 다음 글을 프랑스어로 써보세요.

단어장

salut (사람을 만났을 때) 안녕, (사람과 헤어질 때) 그럼 안녕
toi 너
aussi 역시, 또한
Au revoir ! 안녕히 계세요, 잘가!

① 안녕,
② 내 이름은 ooo이야.
③ 나는 아주 잘 지내.
④ 너 역시, 너도 잘 지내지?
⑤ 만나서 반가워.
⑥ 잘 가 그리고 좋은 하루 보내!

①
②
③
④
⑤
⑥

프랑스어 말하기

밑줄 친 부분에 들어갈 문장을 <보기>에서 찾아 보고, 친구와 대화를 나눠보세요.
그리고 원어민 녹음을 듣고 따라해보세요.

<보기>

① Enchantée.
② Je m'appelle Sylvie. Et vous ?
③ Oui, elle va très bien.
④ Moi aussi, je vais très bien.

A : Pierre   B : Sylvie   C : Marie

A와 B는 처음 만난 사이

A : Bonjour !
B : Bonjour !
A : Vous vous appelez comment ?
B : ....
A : Moi, je m'appelle Pierre. Enchanté.
B : ....
A : Au revoir ! À bientôt !
B : Au revoir ! À bientôt !
[....]

A가 친구 C를 만난다. C는 B의 친구이다.

A : Bonjour ! Comment ça va ?
C : Bonjour ! Je vais bien. Merci. Et toi ?
A : .... Merci ! Sylvie aussi, elle va bien?
C : ....
A : Au revoir ! Bonne journée !
C : Au revoir ! Toi aussi !

LEÇON 2

국적과 직업 표현하기

핵심 문법

1. 명사의 성
2. 명사의 수
3. 3군 불규칙동사 être
4. 의문문
5. 지시대명사 ce
6. 부정문

핵심 문법

■ 명사의 성

프랑스어의 모든 명사는 여성형과 남성형으로 구분된다.

(1) 성의 구분

1) 사람과 동물을 의미하는 생물명사는 자연성을 그대로 따른다.

남성	여성
homme 남자 père 아버지 coq 수탉	femme 여자 mère 어머니 poule 암탉

2) 그 외의 명사 (사물명사)인 경우에는 관습적으로 정해진 성을 따른다.

남성	여성
café 커피 téléphone 전화 jardin 정원	baguette 바게트 voiture 자동차 maison 집

(2) 여성형 만들기

남녀 양성을 가진 명사의 경우 남성형을 기준으로 다음과 같이 여성형을 만들어 사용한다.

	남성	여성
남성명사의 어미에 -e를 붙인다.	ami 친구 étudiant 학생 français 프랑스인	amie étudiante française

남성 명사의 어미가 -e로 끝나는 것은 그대로 여성형이 된다.	artiste 예술인 camarade 급우	artiste camarade
남성 명사의 어미가 –en인 경우 –nne 로 된다.	coréen 한국인 italien 이탈리아인	coréenne italienne
남성 명사의 어미가 –er인 경우 ère로 된다.	cuisinier 요리사 boulanger 제빵사	cuisinière boulangère
남성 명사의 어미가 –eur인 경우는 –euse, -rice로 된다.	chanteur 가수 acteur 배우	chanteuse actrice

스피드 문제

■ 다음 단어에 해당하는 성을 써보세요.

(1) cinéma →

(2) pizza →

(3) fille →

(4) école →

(5) téléphone portable →

(6) crayon →

(7) chien →

(8) table →

(9) gomme →

(10) vin →

■ 다음 명사를 여성으로 바꿔보세요.

(1) garçon →

(2) journaliste →

(3) étudiant →

(4) pâtissier →

(5) serveur →

(6) ami →

(7) cousin →

(8) chinois →

(9) canadien →

(10) directeur →

■ 명사의 수

단수명사를 기준으로 복수명사는 다음과 같이 만든다.

(1) 원칙

	단수	복수
단수형에 –s를 붙인다.	fille 소녀 livre 책 gomme 지우개	filles livres gommes

(2) 변칙

	단수	복수
단수의 어미가 –s, -x, -z이면 그대로 복수형이 된다.	repas 식사 voix 목소리 nez 코	repas voix nez
단수의 어미가 -eau, -eu이면 끝에 –x를 붙인다.	gâteau 케익 jeu 놀이	gâteaux jeux
단수의 어미가 -al이면 –aux로 된다.	animal 동물 journal 신문	animaux journaux

스피드 문제

■ 다음 단수 명사를 복수 명사로 바꿔보세요.

(1) maison →

(2) château →

(3) cheveu →

(4) choix →

(5) souris →

(6) voiture →

(7) table →

(8) pays →

■ 3군 불규칙동사 être

3군 불규칙 동사 être는 영어의 be동사에 해당한다.

(1) 형태

être ~이다, ~있다			
je tu il/elle	suis es est	nous vous‿ ils/elles	sommes êtes sont

(2) 용법

1) être + 명사 (이름, 국적 명사, 직업 명사)

ex) Je suis Anne. 나는 안나이다.

Il est français. 그는 프랑스인이다.

Elle est étudiante. 그녀는 학생이다.

☞ être 동사 뒤에 국적이나 직업명사가 올 경우 그 명사 앞에 관사를 붙이지 않는다. 이 경우 주어의 성과 수에 맞게 명사를 일치시켜주어야 한다.

2) être + 전치사 + 명사

ex) Nous sommes à Paris. 우리는 파리에 있다.

3) être de + 지역명 : ~ 출신이다

ex) Je suis de Paris. 나는 파리 출신이다.

4) être + 형용사

ex) Elle est jolie. 그녀는 예쁘다.

Il est intelligent. 그는 똑똑하다.

스피드 문제

■ 다음 주어진 단어들을 가지고 문장을 만들어 보세요.

(1) étudiant, il, être →

(2) coréens, ils, être →

(3) Lyon, tu, être de →

(4) avec vous, elle, être →

(5) acteurs, nous, être →

■ 의문문

프랑스어에서는 다음과 같이 세가지 형태를 사용하여 의문문을 만든다.

(1) 주어가 인칭대명사인 경우

1) 평서문의 끝을 올려 발음한다. (↗)

ex) Tu vas bien. → Tu vas bien ? ↗ 너는 잘 지내니?

2) 문장 앞에 Est-ce que를 붙인다.

ex) Tu es français. → Est-ce que tu es français ? 너는 프랑스인이니?

☞ est-ce que를 붙일 경우 que 뒤에 모음이 오면 축약하여 qu'가 된다.

ex) Est-ce qu'il est japonais ? 그는 일본사람입니까?

3) 주어와 동사의 어순을 도치시킨다.

ex) Est-elle coréenne ? 그녀는 한국사람입니까?

(2) 주어가 명사인 경우

1) 평서문의 끝을 올려 발음한다. (↗)

ex) Somi est coréenne ? ↗ 소미는 한국사람입니까?

2) 문장 앞에 Est-ce que를 붙인다.

ex) Est-ce que Somi est coréenne ?

3) 주어와 동사의 어순을 도치시킨다. 이 경우 문장 앞에 명사 주어를 놓고, 그것을 대명사로 받아 동사 뒤에 다시 한번 위치시킨다.

ex) Somi est-elle coréenne ?

스피드 문제

■ 다음 문장을 Est-ce que와 주어 동사 도치를 이용하여 의문문으로 만들어 보세요.

(1) Tu es française. →

→

(2) Ils habitent à Bordeaux. →

→

(3) Pierre est canadien. →

→

(4) Sylvie est boulangère. →

→

■ 지시대명사 ce

사람, 동물 또는 사물을 가리키는 대명사로 '이것, 저것, 그것/ 이사람, 저사람, 그사람'의 의미로 쓰인다.

1) ce는 être의 주어 역할을 한다. 이때 ce와 est는 축약되어 항상 c'est로 사용한다.

ex) C'est un livre. 이것은 책이다.

C'est une table. 이것은 테이블이다.

☞ '이것들은 ~이다'는 ce sont~ 으로 쓴다.

2) C'est는 사람 이름 또는 형용사와 같이 쓰기도 한다.

ex) C'est Alain. 이분은 알랭입니다.

C'est bon ! 좋다!

스피드 문제

■ c'est를 이용하여 문장을 만들어 보세요.

1) 이 사람은 마리입니다.

→

2) 이것은 자동차입니다. (자동차 : une voiture)

→

3) 이것들은 책들입니다. (책들 : des livres)

→

■ 부정문

(1) 형태

프랑스어에서 부정문은 동사 앞에 ne, 동사 뒤에 pas를 붙여 만든다.

ne (n') + 동사 + pas

habiter 거주하다		parler 말하다	
je	n'habite pas	je	ne parle pas
tu	n'habites pas	tu	ne parles pas
il/elle	n'habite pas	il/elle	ne parle pas
nous	n'habitons pas	nous	ne parlons pas
vous	n'habitez pas	vous	ne parlez pas
ils/elles	n'habitent pas	ils/elles	ne parlent pas

☞ ne는 모음 또는 무음 h로 시작하는 동사 앞에서 n'로 축약된다.

(2) 용법

1) ne ~ pas 는 가장 대표적인 부정형이다.

ex) Je ne suis pas à Paris. 나는 파리에 없다.

Il n'est pas musicien. 그는 음악가가 아니다.

2) 그 밖에 다양한 의미의 부정형이 있다.

▸ ne ~ plus (더 이상 ~ 하지 않다)

ex) Je ne suis plus étudiant. 나는 더 이상 학생이 아니다.

▸ ne ~ jamais (결코 ~ 가 아니다)

ex) Ils ne dansent jamais. 그들은 결코 춤을 추지 않는다.

▸ ne ~ ni ~ ni (~ 도~ 도 아니다)

ex) Elle ne parle ni français ni anglais. 그녀는 프랑스어도 영어도 구사하지 못한다.

스피드 문제

■ 다음 <보기>의 문장을 모든 인칭의 부정문으로 만들어 보세요.

보기 : **Il est américain.**

Je	
Tu	
Il/Elle	
Nous	
Vous	
Ils/Elles	

■ 다음 문장을 밑줄 친 의미의 부정형으로 만들어 보세요.

(1) C'est une pomme. 이것은 사과가 아니다.

→

(2) Tu habites à Séoul. 너는 더이상 서울에 살지 않는다.

→

(3) Elle est contente. (être : ~이다) 그녀는 결코 만족하지 않는다.

→

(4) J'aime Jean et Marie. 나는 쟝도 마리도 좋아하지 않는다.

→

대화문 듣기

상황 1

Pierre : Bonjour ! Je m'appelle Pierre. Je suis français. Je suis de Paris.

Somi : Bonjour ! Moi, je suis Somi. Je suis de Séoul.

Pierre : Vous êtes coréenne ?

Somi : Oui, je suis coréenne.

Pierre : Enchanté !

Somi : Enchantée !

Pierre : Et vous, vous êtes...

Miro : Bonjour. Moi, je m'appelle Miro. J'habite avec Somi.

Pierre : Enchanté ! Vous êtes aussi coréenne ?

Miro : Non, je suis japonaise. Enchantée !

상황 2

Somi : Salut, Marc. C'est Marie.

Marc : Salut ! Moi, je suis Marc. Enchanté !

Marie : Enchantée ! Est-ce que tu es italien ?

Marc : Non, je ne suis pas italien. Je suis américain.

Somi : Marie est espagnole.

Marie : Es-tu étudiant ?

Marc : Oui. Et toi ?

Marie : Moi, je suis professeur. Et Somi, elle est cuisinière.

대화문 읽기

주어진 단어장을 참고하여 대화문을 해석해보세요.

상황 1

단어장

français(e) 프랑스인 coréen(ne) 한국인 habiter 거주하다	avec 함께 japonais(e) 일본인

Pierre : Bonjour ! Je m'appelle Pierre. Je suis français.

[ ]

Je suis de Paris.

[ ]

Somi : Bonjour ! Moi, je suis Somi. Je suis de Séoul.

[ ]

Pierre : Vous êtes coréenne ?

[ ]

Somi : Oui, je suis coréenne.

[ ]

Pierre : Enchanté !

[ ]

Somi : Enchantée !

[ ]

Pierre : Et vous, vous êtes...

[ ]

Miro : Bonjour. Moi, je m'appelle Miro. J'habite avec Somi.

[ ]

Pierre : Enchanté ! Vous êtes aussi coréenne ?

[ ]

Miro : Non, je suis japonaise. Enchantée !

[ ]

상황 2

단어장

italien(ne) 이탈리아인 américain(e) 미국인 espagnol(e) 스페인인	étudiant(e) 학생 professeur 교수 cuisinier(ère) 요리사

Somi : Salut, Marc. C'est Marie.

[ ]

Marc : Salut ! Moi, je suis Marc. Enchanté !

[ ]

Marie : Enchantée ! Est-ce que tu es italien ?

[ ]

Marc : Non, je ne suis pas italien. Je suis américain.

[ ]

Somi : Marie est espagnole.

[ ]

Marie : Es-tu étudiant ?

[ ]

Marc : Oui. Et vous ?

[ ]

Marie : Moi, je suis professeur. Et Somi, elle est cuisinière.

[ ]

프랑스어 쓰기

주어진 단어장을 참고하여 다음 글을 프랑스어로 써보세요.

단어장

japonais(e) 일본인 mais 그러나 coréen(ne) 한국인	étudiant(e) 학생 un peu 약간 français m. 프랑스어

① 제 이름은 ooo입니다.
② 저는 일본인이 아니고, 한국인입니다.
③ 저는 서울 출신입니다.
④ 저는 학생입니다.
⑤ 저는 파리에 살고 있고, 파리를 좋아합니다.
⑥ 저는 프랑스어를 조금 합니다.

①

②

③

④

⑤

⑥

프랑스어 말하기

밑줄 친 부분에 들어갈 문장을 <보기>에서 찾아 보고, 친구와 대화를 나눠보세요.
그리고 원어민 녹음을 듣고 따라해보세요.

<보기>

① Est-ce que vous êtes canadienne ?
② Non, je ne suis pas professeur.
③ Je suis de Séoul.
④ Il est allemand et il est avocat.
⑤ Moi, je suis Christine.

A : Paul B : Christine C : Martin

A : Enchanté. Je m'appelle Paul.
B : Enchantée. ....
A : Êtes-vous professeur ?
B : .... Je suis étudiante. Et vous ?
A : Moi, je suis journaliste. ....
B : Non, je ne suis pas canadienne. Je suis coréenne. Et vous ?
A : Moi, je suis français. Je suis de Paris. Et vous ?
B : ....
A : Voilà Martin...
B : Enchantée, Martin.
C : Enchantée !

LEÇON 3

외향과 성격 표현하기

핵심 문법

1. 부정관사, 정관사
2. 품질형용사
3. 3군 불규칙동사 avoir

핵심 문법

■ 관사 : 부정관사, 정관사

프랑스어의 관사는 형태와 용법에 따라 부정관사, 정관사, 부분관사로 구분된다. 먼저 부정관사와 정관사를 살펴보자.

(1) 형태

	남성 단수	여성 단수	남성 • 여성 복수
부정관사	un	une	des
정관사	le(l')	la(l')	les

1) 관사는 명사 앞에 오며 명사의 성과 수에 일치시킨다.

ex) un crayon 연필 / des crayons 연필들

une chaise 의자 / des chaises 의자들

2) 정관사 le, la는 뒤에 모음이나 무음 h로 시작되는 명사가 오면 l'로 축약된다.

ex) la école (x) → l'école 학교

la histoire (x) → l'histoire 역사, 이야기

le arbre (x) → l'arbre 나무

(2) 용법

1) 부정관사

정해져 있지 않은 셀 수 있는 명사 앞에 사용한다. 단수로 쓰일 때는 '하나', 복수로 쓰일 때는 '여럿'을 의미한다.

ex) une maison 집 / des maisons 집들

un enfant 아이 / des enfants 아이들

2) 정관사

▸ 앞서 언급된 명사를 다시 받을 때 또는 문맥상 한정된 명사 앞에 사용한다.

ex) Voici une table. C'est la table de Paul.

여기 테이블 하나가 있다. 이것은 폴의 테이블이다.

▸ 명사의 총체적 의미를 표현 할 때 사용한다.

ex) J'aime le tennis. 나는 테니스를 좋아한다.

▸ 세상의 유일한 것을 나타내는 명사 앞에 사용한다.

ex) le soleil 태양 la lune 달

▸ 한 가족을 나타낼 때 사용한다. : les + 성

ex) Les Vincent 뱅쌍 가족

스피드 문제

■ 다음 명사에 해당하는 부정관사와 정관사를 넣어보세요.

(1) livre →

(2) cinéma →

(3) table →

(4) école →

(5) fille →

(6) amis →

(7) café →

(8) étudiante →

(9) chien →

(10) femmes →

■ 다음 문장을 모두 복수로 바꿔보세요.

(1) C'est un vin.

→

(2) Le livre de Paul est dans le sac.

→

(3) Il habite avec un ami.

→

(4) J'ai un journal.

→

■ 품질형용사

품질형용사는 명사 또는 대명사를 수식하면서 그 명사의 성질이나 상태를 표현한다. 따라서 수식하는 명사의 성과 수에 일치시킨다.

(1) 여성형용사 만들기

형용사의 기본형은 남성형이며 여성형은 다음과 같이 만든다.

1) 원칙

	남성	여성
남성단수의 어미에 –e를 붙인다.	petit 작은 joli 예쁜	petite jolie
남성단수의 어미가 -e일 때는 그대로 둔다.	aimable 사랑스러운 sociable 사회적인	aimable sociable

2) 변칙

	남성	여성
-f → -ve로 된다.	actif 활동적인 neuf 새로운	active neuve
-er → -ère로 된다.	premier 첫번째의 étranger 외국의	première étrangère
-n → -nne로 된다.	bon 좋은 coréen 한국의	bonne coréenne
-x → -se로 된다.	heureux 행복한 sérieux 진지한	heureuse sérieuse

☞ 남성 형용사가 2개인 경우

beau, vieux, nouveau는 모음이나 무음 h로 시작되는 남성 단수 명사 앞에서 남성 단수 제2형을 사용한다. 여성형은 남성 단수 2형에서 만든다.

남성		여성
남성 1형	남성 2형	
beau 멋있는 vieux 늙은, 낡은 nouveau 신규의	bel vieil nouvel	belle vieille nouvelle

ex) 남성 1형 : un beau jardin 아름다운 정원
남성 2형 : un bel arbre 아름다운 나무
여성형 : une belle fille 아름다운 소녀

(2) 복수형 만들기

1) 남성형용사 복수형

‣ 원칙

	단수	복수
원칙적으로 남성단수에 –s를 붙인다.	grand 큰 adorable 다정한	grands adorables

‣ 변칙

	단수	복수
남성 단수의 어미가 -s, -x로 끝나면 단수와 복수 형태가 동일하다.	gris 회색의 heureux	gris heureux
남성 단수의 어미가 -eau로 끝나면 –x를 붙인다.	beau nouveau	beaux nouveaux
남성 단수 어미가 al로 끝나면 대부분 –aux가 된다.	amical 우정어린 égal 동등한	amicaux égaux

2) 여성형용사 복수형

예외 없이 모두 여성 단수 어미에 –s를 붙인다.

단수	복수
grande heureuse bonne	grandes heureuses bonnes

스피드 문제

■ 다음 형용사를 여성형으로 바꿔보세요.

(1) facile →
(2) beau →
(3) heureux →
(4) neuf →
(5) coréen →
(6) vert →
(7) jeune →
(8) mignon →
(9) adorable →
(10) gentil →

■ 다음 단어의 복수형을 써 보세요.

(1) français →
(2) sérieux →
(3) petit →
(4) nouveau →
(5) beau →
(6) triste →
(7) original →
(8) vieux →
(9) gentil →
(10) adorable →

■ 3군 불규칙동사 avoir

3군 불규칙 동사 avoir는 영어의 have동사에 해당한다. 자주 쓰이는 동사이므로 동사변화를 꼭 알아두자.

(1) 형태

avoir ~을 가지고 있다			
j' tu il/elle	ai as a	nous‿ vous‿ ils/elles‿	avons avez ont

ex) J'ai un livre. 나는 책이 있다.

Nous avons des chats. 우리는 고양이들이 있다.

(2) 용법

1) 소유를 나타낸다.

ex) J'ai des amis. 나는 친구들이 있다.

Nous avons un chat et deux chiens. 우리는 고양이 한마리와 개 두마리가 있다.

2) 나이를 표현한다. : avoir + 숫자 + an(s)

ex) Pierre a 32 ans. 삐에르는 32살이다.

J'ai 20 ans. 나는 20살이다.

3) 신체를 묘사할 때 사용된다.

ex) Il a les cheveux bruns. 그의 머리는 갈색이다.

Elle a les yeux noirs. 그녀의 눈은 검은 색이다.

스피드 문제

■ 다음 주어진 단어들을 가지고 문장을 만들어 보세요.

(1) des amis, il, avoir →

(2) un chien, les étudiants, avoir →

(3) les cheveux, tu, gris, avoir →

(4) les yeux, elle, bleus, avoir →

(5) 21 ans, nous, avoir →

대화문 듣기

상황 1

Somi : Bonjour ! Comment vas-tu ?
Paul : Salut Somi ! Très bien. Et toi ?
Somi : Comme ci comme ça. Tu as un joli chat !
Paul : Oui, j'adore les chats. Et toi ?
Somi : Non, je n'aime pas les chats.
Paul : Ah bon. Et tu aimes les chiens ?
Somi : Ah oui, j'adore les chiens, surtout les petits chiens.
Paul : J'ai aussi un chien chez moi.

상황 2

Somi : Moi, j'ai une soeur.
Michel : Elle est comment ?
Somi : Elle est grande et sociable. Elle a les yeux bruns et les cheveux noirs. Elle est géniale. Et toi?
Michel : Moi, j'ai un petit frère.
Somi : Il est comment ?
Michel : Il est sérieux et intelligent. Et il a les cheveux courts et les yeux bleus.
Somi : Est-ce qu'il est beau ?
Michel : Il n'est pas beau mais mignon.

대화문 읽기

주어진 단어장을 참고하여 대화문을 해석해보세요.

상황 1

단어장

Comment vas-tu ? 어떻게 지내? comme ci comme ça 그럭저럭 joli(e) 귀여운 chat m. 고양이 adorer 매우 좋아하다 aimer 좋아하다	Ah bon ! 아 그래! chien m. 개 surtout 특히 petit(e) 작은 chez (의) 집에(서)

Somi : Bonjour ! Comment vas-tu ?

[ ]

Paul : Salut Somi ! Très bien. Et toi ?

[ ]

Somi : Comme ci comme ça. Tu as un joli chat !

[ ]

Paul : Oui, j'adore les chats. Et toi ?

[ ]

Somi : Non, je n'aime pas les chats.

[ ]

Paul : Ah bon. Et tu aimes les chiens ?

[ ]

Somi : Ah oui, j'adore les chiens, surtout les petits chiens.

[ ]

Paul : J'ai aussi un chien chez moi.

[ ]

상황 2

단어장

sœur f. 여자형제 grand(e) 큰 sociable 사교적인 yeux m.pl 눈 brun(e) 갈색의 cheveux m. Pl (집합적) 머리(털) noir(e) 검은 génial(e) 훌륭한, 뛰어난	frère m. 남자형제 sérieux(euse) 진지한 intelligent(e) 현명한 court(e) 짧은 bleu(e) 푸른 beau(belle) 예쁜 mignon(ne) 귀여운

Somi : Moi, j'ai une soeur.

[ ]

Michel : Elle est comment?

[ ]

Somi : Elle est grande et sociable. Elle a les yeux bruns et les cheveux noirs.

[ ]

Elle est géniale. Et toi ?

[ ]

Michel : Moi, j'ai un petit frère.

[ ]

Somi : Il est comment ?

[ ]

Michel : Il est sérieux et intelligent. Et il a les cheveux courts et les yeux bleus.

[ ]

Somi : Est-ce qu'il est beau ?

[ ]

Michel : Il n'est pas beau mais mignon.

[ ]

프랑스어 쓰기

주어진 단어장을 참고하여 다음 글을 프랑스어로 써보세요.

단어장

mon 나의 ami(e) 친구 italien(ne) 이탈리아인 musicien(ne) 뮤지션	japonais m. 일본어 coréen m. 한국어 chien m. 개

① 그는 (그녀는) ooo입니다. (이름)

② 그 (그녀)는 이탈리아인이고 뮤지션입니다.

③ 그 (그녀)는 일본어는 못하지만 한국어는 잘 합니다.

④ 그 (그녀)의 머리는 갈색이고 눈은 파랗습니다.

⑤ 그 (그녀)는 키가 크고 귀엽습니다.

⑥ 그 (그녀)는 친절하고 사교적입니다.

⑦ 그 (그녀)는 작은 강아지들을 좋아합니다.

① ______________________________

② ______________________________

③ ______________________________

④ ______________________________

⑤ ______________________________

⑥ ______________________________

⑦ ______________________________

프랑스어 말하기

밑줄 친 부분에 들어갈 문장을 <보기>에서 찾아 보고, 친구와 대화를 나눠보세요.
그리고 원어민 녹음을 듣고 따라해보세요.

<보기>

① Non, elle n'est pas grande.
② Il est petit et mignon.
③ Elle a les cheveux bruns et les yeux bruns.
④ Oui, elle est étudiante.
⑤ Elle s'appelle Bolam. Elle habite avec moi.

A : J'ai un joli chien. Et toi, tu aimes les chiens ?
B : Oui, j'aime beaucoup les chiens.
A : Est-ce que tu as un chien ?
B : Oui, j'ai un chien.
A : Il est comment ?
B : .... Il est adorable.
A : Ah bon ! Tu as des frères et soeurs ?
B : Oui, j'ai une soeur.
A : Elle s'appelle comment ? Elle habite avec toi ?
B : ....
A : Bolam, elle est comment ?
B : Elle est gentille et sympathique. ....
A : Elle est étudiante comme toi ?
B : ....

A : Elle est grande comme toi ?

B : .... Elle est petite.

A : Moi, j'ai un grand frère.

B : Il est comment ? Il s'appelle comment ?

A : Il est petit. Il a les cheveux blonds et les yeux gris. Il s'appelle Jean.

LEÇON 4

취향 표현하기

핵심 문법

1. 의문형용사
2. 소유형용사
3. 장소전치사
4. 동사
   3군 불규칙동사 dormir

핵심 문법

■ 의문형용사

의문형용사는 '어떤, 몇, 무엇, 얼마' 등의 의미를 갖는 형용사로 항상 명사와 함께 쓰인다.

(1) 형태

수식하는 명사의 성과 수에 따라 다음과 같은 형태를 취한다.

남성단수	여성단수	남성복수	여성복수
quel	quelle	quels	quelles

(2) 용법

1) 명사 앞에서 부가형용사로 기능하며 '어떤, 몇'의 의미를 나타낸다.

ex) Quel âge avez-vous ? 당신은 몇살입니까?

Quelle musique aimes-tu ? 너는 어떤 음악을 좋아하니?

2) être 동사와 함께 속사로 '무엇, 얼마'의 의미를 나타낸다.

ex) Quel est ton prénom ? 너의 이름은 뭐니?

Quelle est votre nationalité ? 당신의 국적은 무엇입니까?

3) 전치사가 동반될 수 있다.

ex) À quelle heure commence le film ? 몇 시에 영화가 시작됩니까?

4) 감탄문을 나타내기도 한다.

ex) Quelle chance ! 정말 운이 좋군요!

Quel dommage ! 유감천만이군요!

스피드 문제

■ 다음 (   ) 안에 알맞은 의문형용사를 넣어보세요.

(1) (   ) est ta profession ?

(2) (   ) chansons aimes-tu ?

(3) (   ) livres achetez-vous ?

(4) (   ) film regardent-ils ?

■ 소유형용사

소유형용사는 명사 앞에서 그 명사의 소유 관계를 나타낸다.

(1) 형태

소유자	남성 단수	여성 단수	남성・여성 복수
나의	mon	ma	mes
너의	ton	ta	tes
그의 / 그녀의	son	sa	ses
우리들의	notre		nos
너희들의 / 당신(들)의	votre		vos
그들의 / 그녀들의	leur		leurs

(2) 용법

1) 소유형용사는 소유대상인 명사의 성과 수에 일치시킨다.

ex) mon livre 내 책 / ta chambre 너의 방 / ses enfants 그(녀)의 아이들

2) 3인칭 단수형 son, sa, ses는 '그의' 혹은 '그녀의'의 의미를 나타내고, 3인칭 복수형 leur, leurs는 '그들의' 혹은 '그녀들의'의 의미를 나타낸다.

son frère (그의, 그녀의 남동생) sa soeur (그의, 그녀의 여동생) ses amis (그의, 그녀의 친구들)	leur livre (그들의, 그녀들의 책) leur gomme (그들의, 그녀들의 지우개) leurs étudiants (그들의, 그녀들의 학생들)

3) ma, ta, sa는 소유대상이 여성명사라도 모음 또는 무음h로 시작하면 mon, ton, son 으로 바뀐다.

ex) ma amie (×) → mon amie 내 친구
ta histoire (×) → ton histoire 너의 이야기
sa école (×) → son école 그(녀)의 학교

스피드 문제

■ 다음 ( ) 안에 알맞은 소유형용사를 넣어보세요.

(1) J'ai ( ) gomme. 나는 너의 지우개를 가지고 있다.

(2) Je suis devant ( ) table. 나는 그의 테이블 앞에 있다.

(3) J'aime ( ) étudiants. 나는 나의 학생들을 좋아한다.

(4) Ils ont ( ) livres. 그들은 그들의 책들을 가지고 있다.

(5) ( ) professeur est gentil. 그의 선생님은 친절하다.

(6) ( ) amie est jolie. 나의 여자 친구는 예쁘다.

(7) Je mange ( ) gâteau. 나는 그의 케이크를 먹는다.

(8) ( ) école est grande. 그녀의 학교는 크다.

(9) Nous adorons ( ) père. 우리들은 우리들의 아버지를 아주 좋아한다.

(10) ( ) histoire est triste. 그의 이야기는 슬프다.

■ 장소 전치사

자주 사용하는 장소 전치사는 다음과 같다.

장소전치사	의미	예문
sur	~위에	Le chien est sur la table. 개가 테이블 위에 있다.
sous	~아래에	Le chat est sous le lit. 고양이가 침대 밑에 있다.
devant	~앞에	Le sac est devant la porte. 가방이 문 앞에 있다.
dans	~안에	Les lunettes sont dans la chambre. 안경이 방 안에 있다.
derrière	~뒤에	Le livre est derrière la chaise. 책이 의자 뒤에 있다.
à côté de	~옆에	Le magasin est à côté de la poste. 가게가 우체국 옆에 있다.
en face de	~맞은 편에	Le cinéma est en face de l'école. 영화관이 학교 맞은 편에 있다.
loin de	~멀리에	Le restaurant est loin de la banque. 레스토랑이 은행으로부터 멀리에 있다.
près de	~가까이에	J'habite près de l'école. 나는 학교 가까이에 산다.

스피드 문제

■ 다음 ( ) 안에 해당하는 장소 전치사를 넣어보세요.

(1) Elle est ( ) la Seine. 그녀는 세느강 옆에 있다.

(2) Ils habitent ( ) Lyon. 그들은 리용에서 멀리 산다.

(3) Mon ami est ( ) moi. 내 친구가 내 앞에 있다.

(4) Les fleurs sont ( ) la table. 꽃들이 테이블 위에 있다.

(5) Les enfants sont ( ) le bus ? 아이들이 버스 뒤에 있습니까?

■ 3군 불규칙동사 dormir

dormir 자다			
je tu il/elle	dors dors dort	nous vous ils/elles	dormons dormez dorment

스피드 문제

■ 다음 주어진 단어들을 가지고 문장을 만들어 보세요.

(1) sous le lit, il, dormir →

(2) devant la porte, un chien, dormir →

(3) avec ta soeur, tu, dormir →

(4) ensemble, dans la chambre, elles, dormir →

대화문 듣기

상황 1

Robert : Ce sont les photos de ma famille.

Somi : Ici, c'est ton père ?

Robert : Oui, c'est mon père.

Somi : Quelle est sa profession ?

Robert : Il est employé. À côté de lui, c'est ma mère. Elle est secrétaire.

Somi : Ta mère a l'air gentille.

Robert : Oui, c'est vrai. En plus, elle est très active.

상황 2

Somi : Ton chat est adorable...

Paul : Oui, c'est vrai. Il aime bien monter sur la table et jouer avec moi. Nous jouons souvent dans ma chambre.

Somi : Ah bon. Il dort avec toi dans ta chambre ?

Paul : Oui, il aime dormir près de moi.

Somi : Et quel sport aimes-tu ?

Paul : Moi, j'aime la natation. Et toi ?

Somi : Moi, j'aime le tennis et le jogging.

대화문 읽기

주어진 단어장을 참고하여 대화문을 해석해 보세요.

상황 1

단어장

photo f. 사진	mère f. 엄마
famille f. 가족	secrétaire 비서
ici 여기에	avoir l'air+형용사 ~처럼 보이다
père m. 아버지	gentil(le) 상냥한
profession f. 직업	C'est vrai. 사실이야.
employé(e) 회사원	en plus 게다가
à côté de 옆에	actif(ve) 활기찬

Robert : Ce sont les photos de ma famille.

[ ]

Somi : Ici, c'est ton père ?

[ ]

Robert : Oui, c'est mon père.

[ ]

Somi : Quelle est sa profession ?

[ ]

Robert : Il est employé. À côté de lui, c'est ma mère. Elle est secrétaire.

[ ]

Somi : Ta mère a l'air gentille.

[ ]

Robert : Oui, c'est vrai. En plus, elle est très active.

[ ]

상황2

단어장

chat m. 고양이 adorable 귀여운 monter 오르다 sur 위에 table f. 탁자 jouer 놀다 chambre f. 방	dormir 자다 près de ~가까이에 sport m. 운동 natation f. 수영 tennis m. 테니스 jogging m. 조깅

Somi : Ton chat est adorable...

[ ]

Paul : Oui, c'est vrai. Il aime bien monter sur la table et jouer avec moi.

[ ]

Nous jouons souvent dans ma chambre.

[ ]

Somi : Ah bon. Il dort avec toi dans ta chambre ?

[ ]

Paul : Oui, il aime dormir près de moi.

[ ]

Somi : Et quel sport aimes-tu ?

[ ]

Paul : Moi, j'aime la natation. Et toi ?

[ ]

Somi : Moi, j'aime le tennis et le jogging.

[ ]

프랑스어 쓰기

주어진 단어장을 참고하여 다음 글을 프랑스어로 써보세요.

단어장

sport m. 운동	maison f. 집
jogging m. 조깅	aimable 사랑스러운
actif(ve) 활동적인	écouter 듣다
petite soeur f. 여동생	tous les jours 매일
rester 머무르다	

① 당신은 어떤 운동을 좋아하나요?

② 저, 저는 조깅을 좋아합니다. 저는 활동적입니다.

③ 제 여동생은 조깅을 좋아하지 않습니다.

④ 그녀는 음악을 좋아하고 집에 있는 것을 좋아합니다.

⑤ 그녀는 아주 사랑스럽습니다.

⑥ 그녀는 매일 음악을 듣습니다.

①

②

③

④

⑤

⑥

프랑스어 말하기

밑줄 친 부분에 들어갈 문장을 <보기>에서 찾아 보고, 친구와 대화를 나눠보세요.
그리고 원어민 녹음을 듣고 따라해보세요.

<보기>

① Oui, j'adore.
② Moi, j'aime le tennis.
③ il y a un cinéma ?
④ elle aime le cinéma ?

A : Tu aimes le sport ?
B : ....
A : Quel sport aimes-tu ?
B : .... Et toi ?
A : Moi, je n'aime pas le sport. J'aime le cinéma. Toi aussi ?
B : Oui, j'aime beaucoup.
A : Ta soeur aussi, ...
B : Oui, elle adore aussi.
A : À côté de chez toi, ...
B : Oui, il y a un cinéma.

LEÇON 5

일상 표현하기 I

핵심 문법

1. 의문부사
2. 준조동사
3. 정관사 축약 à

핵심 문법

■ 의문부사

의문부사는 장소, 시간, 수량, 방법, 이유 등을 물을 때 사용한다.

(1) 형태

의문부사	의미	예
où	장소 (어디~)	Où habites-tu ? 너는 어디 사니?
quand	시간 (언제~)	Quand travailles-tu ? 너는 언제 일하니?
pourquoi	이유 (왜~)	Pourquoi vas-tu à Paris ? 너는 왜 파리에 가니?
combien	수량 (얼마, 몇~)	Combien êtes-vous ? 몇 명이십니까?
comment	방법 (어떻게)	Comment allez-vous ? 어떻게 지내십니까?

(2) 용법

1) 의문부사는 문장 끝에 올 수도 있고, 의문형태소 est-ce que를 문장 앞에 붙일 수도 있다. 이 경우 주어와 동사는 도치하지 않는다.

ex) Vous arrivez quand à Paris ? 당신은 언제 파리에 도착합니까?
Quand est-ce que vous arrivez à Paris ?

2) 주어와 동사를 도치할 때 모음 충돌을 피하기 위해 '-t-'를 삽입한다.

ex) Où va-t-elle ? 그녀는 어디 갑니까?
Quand mange-t-il ? 그는 언제 먹습니까?

3) 수량을 묻는 combien이 명사와 함께 쓰일 때는 de로 연결한다.

ex) Combien de frères avez-vous ? 당신은 몇 명의 형제가 있습니까?
Combien d'amis as-tu ? 너는 몇 명의 친구가 있니?

스피드 문제

■ 다음 ( ) 안에 적당한 의문부사를 넣어보세요.

(1) (   ) allez-vous ? 어디 가세요?

(2) Vous travaillez (   ) ? 언제 일하세요?

(3) (   ) de chiens avez-vous ? 당신은 몇 마리의 강아지가 있나요?

(4) (   ) pleure-t-elle ? 그녀는 왜 우나요?

(5) (   ) s'appelle-t-il ? 그의 이름은 무엇입니까?

(6) (   ) est-ce que vous voyagez à Londres ?

당신은 언제 런던을 여행하시나요?

■ 준조동사

준조동사는 의무, 당위, 추측, 가능성, 희망, 의지 등의 다양한 의미를 나타내며 본동사의 부정법(동사원형)과 함께 사용한다.

(1) 형태

자주 쓰이는 준조동사로는 devoir, pouvoir, vouloir가 있다. 동사 변화형은 다음과 같다.

	devoir ~해야만 한다	pouvoir ~할 수 있다	vouloir ~하고 싶다
je	dois	peux	veux
tu	dois	peux	veux
il/elle	doit	peut	veut
nous	devons	pouvons	voulons
vous	devez	pouvez	voulez
ils/elles	doivent	peuvent	veulent

(2) 용법

1) devoir, pouvoir, vouloir가 준조동사로 사용되는 경우

▸ devoir + 동사원형 : '~해야 된다'

ex) Elle doit terminer le travail. 그녀는 일을 끝내야만 한다.

▸ pouvoir + 동사원형 : '~할 수 있다'

ex) Je peux bien parler français. 나는 프랑스어를 잘 할 수 있다.

▸ vouloir + 동사원형 : '~하고 싶다'

ex) Je veux aller à Paris. 나는 파리에 가고 싶다.

2) devoir, pouvoir, vouloir가 본동사로 사용되는 경우.

ex) Je veux un café. 나는 커피 한잔을 원한다.

A : Tu peux aider Sophie ? 너는 소피를 도와줄 수 있니?

B : Oui, je peux. 네, 도와줄 수 있어요.

스피드 문제

■ 다음 ( ) 안에 알맞은 준조동사를 넣어보세요.

(1) Marie ( ) une voiture.→ vouloir

(2) Elle ( ) préparer son examen. → devoir

(3) Je ( ) conduire la voiture. → pouvoir

(4) Nous ne ( ) pas chanter ensemble. → pouvoir

(5) Vous ne ( ) pas manger avec nous? → vouloir

■ 다음 주어진 단어들을 가지고 문장을 만들어 보세요.

(1) une fleur, il, vouloir →

(2) à l'hôpital, tu, aller, devoir →

(3) nager, vous, pouvoir →

(4) avec les enfants, nous, parler, pouvoir →

(5) à la bibliothèque, elles, étudier, devoir ? →

■ 정관사 축약 à

전치사 à 또는 de 뒤에 정관사가 올 때 정관사를 축약하여 사용한다. 여기서는 '전치사 à + 정관사 축약형'을 살펴보자.

(1) 형태

전치사 à + 정관사	축약 형태
à + le	au
à + la (그대로)	à la
à + les	aux
à + l' (그대로)	à + l'

(2) 용법

1) à + le → au / à + l' → à l'

ex) Je vais à le cinéma. (X) → Je vais au cinéma. 나는 영화관에 간다.

Elle va à l'hôpital. → Elle va à l'hôpital. 그녀는 병원에 간다.

2) à + la → à la / à l' → à l'

ex) Ils sont à la piscine. → Ils sont à la piscine. 그들은 수영장에 있다.

Vous allez à l'école. → Vous allez à l'école. 당신은 학교에 간다.

3) à + les → aux

ex) Tu vas à les Champs-Elysées. (x)

→ Tu vas aux Champs-Elysées. 너는 샹젤리제에 간다.

Nous donnons un chocolat à les enfants. (x)

→ Nous donnons un chocolat aux enfants. 우리는 아이들에게 초코렛 하나를 준다.

스피드 문제

■ 다음 ( ) 안에 알맞은 'à + 정관사 축약'을 넣어보세요.

(1) Marie et moi allons ( ) restaurant.

(2) Vincent va ( ) café avec elle.

(3) Tu téléphones ( ) professeur.

(4) Elle donne un livre ( ) enfant.

(5) Vous parlez toujours ( ) élèves.

■ 다음 주어진 단어들을 가지고 의미에 맞는 문장을 만들어 보세요.

(1) la bibliothèque, aller, je →

(2) le marché, aller, nous →

(3) l'école, aller, tu →

(4) le parc, aller, nous →

(5) les États-Unis, aller, vous →

(6) l'hôtel, aller, ils →

대화문 듣기

상황 1

Somi : Bonjour, comment ça va ?
Robert : Je vais bien, merci. Et toi ?
Somi : Moi aussi, très bien.
Robert : Où vas-tu ?
Somi : Je vais au cinéma. Je rencontre mon amie devant le cinéma. Tu veux venir avec nous ?
Robert : C'est gentil, mais je dois aller à la bibliothèque. Demain, j'ai un examen.
Somi : Tant pis. Bonne chance.
Robert : Salut. À demain.
Somi : À demain.

상황 2

Somi : Allô, je vous écoute.
Eric : Bonjour, c'est moi Eric. Ça va ?
Somi : Oui, ça va très bien.
Eric : Tu es libre aujourd'hui ?
Somi : Oui. Je suis libre, pourquoi ?
Eric : Je veux aller au concert de BTS avec toi. C'est possible ?
Somi : Oui, je peux.
Eric : Très bien.
Somi : À quelle heure commence le concert ?
Eric : À 6 heures.
Somi : D'accord.

대화문 읽기

주어진 단어장을 참고하여 대화문을 해석해보세요.

상황 1

단어장

cinéma m. 영화	devoir ~해야만 한다
rencontrer 만나다	bibliothèque f. 도서관
ami(e) 친구	demain 내일
devant (공간) 앞에(서)	examen m. 시험
vouloir ~원하다	Tant pis ! 할 수 없지!
venir 오다	Bonne chance ! 행운을 빌어!

Somi : Bonjour, comment ça va ?
[ ]
Robert : Je vais bien, merci. Et toi ?
[ ]
Somi : Moi aussi, très bien.
[ ]
Robert : Où vas-tu ?
[ ]
Somi : Je vais au cinéma. Je rencontre mon amie devant le cinéma.
Tu veux venir avec nous ?
[ ]
Robert : C'est gentil, mais je dois aller à la bibliothèque.
[ ]
Demain, j'ai un examen.
[ ]
Somi : Tant pis. Bonne chance.
[ ]
Robert : Salut. À demain.
[ ]
Somi : À demain.
[ ]

상황 2

단어장

Allô ! 여보세요! Je vous écoute. 말씀하세요. libre 자유로운 aujourd'hui 오늘 pourquoi 왜	concert m. 콘서트 À quelle heure~ 몇 시에~ commencer 시작하다 D'accord. 좋습니다. (좋아, 알았어)

Somi : Allô, je vous écoute !

[ ]

Eric : Bonjour, c'est moi Eric. Ça va ?

[ ]

Somi : Oui, ça va très bien.

[ ]

Eric : Tu es libre aujourd'hui ?

[ ]

Somi : Oui, je suis libre, pourquoi ?

[ ]

Eric : Je veux aller au concert de BTS avec toi. C'est possible ?

[ ]

Somi : Oui, je peux.

[ ]

Eric : Très bien.

[ ]

Somi : À quelle heure commence le concert ?

[ ]

Eric : À 6 heures.

[ ]

Somi : D'accord.

[ ]

프랑스어 쓰기

주어진 단어장을 참고하여 다음 글을 프랑스어로 써보세요.

단어장

aujourd'hui 오늘 concert m. 콘서트 commencer 시작하다 à six heures 6시에 salle de concert f. 콘서트장 banque f. 은행	rencontrer 만나다 à cinq heures 5시에 deux tickets 티켓 2장 après ~ 후에 restaurant m. 레스토랑

① 나는 음악을 좋아합니다.
② 내 친구도 음악을 좋아합니다.
③ 오늘 우리는 콘서트에 갑니다.
④ 콘서트는 6시에 시작합니다.
⑤ 콘서트 장은 은행 근처에 있습니다.
⑥ 나는 5시에 내 친구를 콘서트 장 앞에서 만납니다.
⑦ 우리는 티켓 2장을 삽니다.
⑧ 콘서트 후, 우리는 레스토랑에 갑니다.

①

②

③

④

⑤

⑥

⑦

⑧

프랑스어 말하기

밑줄 친 부분에 들어갈 문장을 <보기>에서 찾아 보고, 친구와 대화를 나눠보세요.
그리고 원어민 녹음을 듣고 따라해보세요.

<보기>

① Tu aimes la cuisine italienne ?

② Non, je ne suis pas libre.

③ Devant le cinéma 'La vie en rose'.

④ Je dois travailler au café.

A : Aujourd'hui, je suis libre. Et toi ?

B : ....

A : Ah bon, pourquoi ? Aujourd'hui c'est dimanche.

B : ....

A : Quand est-ce que tu es libre ? Peut-être demain ?

B : Oui, je suis libre demain. Pourquoi ?

A : Parce que je veux regarder un film au cinéma, et après je veux aller au restaurant avec toi.

B : C'est gentil. On se voit où ?

A : ....

B : D'accord. À quelle heure ?

A : À 5 heures. ....

B : Oui, j'adore.

A : C'est très bien. À demain.

B : À demain. Bonne journée.

LEÇON 6

주문과 장 보기 표현하기

핵심 문법

1. 의문대명사 que
2. 부분관사
3. 근접미래
4. 동사
   - 3군 불규칙동사 faire
   - 3군 불규칙동사 prendre
   - 3군 불규칙동사 venir
   - 1군 규칙동사 변칙형 acheter

핵심 문법

■ 의문대명사 que

의문대명사는 사람, 사물을 묻는 대명사로 사물에 대해 물을 때는 que, 사람에 대해 물을 때는 qui를 사용한다. 여기서는 의문대명사 que에 대해 살펴보자.

(1) 형태

	주어	속사/직접목적보어
단순형	-	que
중복형	qu'est-ce qui	qu'est-ce que

(2) 용법

1) 단순형

▶ 주어 역할을 한다.

단순형 que는 주어로 쓰일 수 없다.

▶ 속사 역할을 한다.

ex) Que devient-il ? 그는 어떻게 됐습니까?

▶ 직접목적보어 역할을 한다.

ex) Que cherches-tu ? 너는 무엇을 찾니?

Que voulez-vous ? 당신은 무엇을 원하십니까?

2) 중복형

위의 단순형에 est-ce qui를 붙이면 주어로 사용되고, 주어가 아닌 것에는 est-ce que를 붙인다.

▶ 주어 역할을 한다.

ex) Qu'est-ce qui arrive ? 무슨 일입니까?
Qu'est-ce qui ne va pas ? 무엇이 (어디가) 안좋습니까?

▶ 속사 역할을 한다.

ex) Qu'est-ce que c'est ? 이것은 무엇입니까?

▶ 직접목적보어 역할을 한다.

	단순형	중복형
ex)	Que fais-tu ?	= Qu'est-ce que tu fais ? 너는 무엇을 하니?
	Qu'écoutent-ils ?	= Qu'est-ce qu'ils écoutent ? 그들은 무엇을 듣습니까?

☞ que는 뒤에 모음이나 무음 h가 올 때 축약되어 qu'가 된다.

스피드 문제

■ 다음 ( ) 안에 알맞은 의문대명사를 보기에서 골라 넣어보세요.

que, qu'est-ce qui, qu'est-ce que

(1) ( ) vous faites ?
(2) ( ) achetez-vous ?
(3) ( ) arrive ?
(4) ( ) tu donnes à ton ami ?
(5) ( ) mangent-ils ?

■ 다음 문장을 프랑스어로 써보세요.

(1) 무슨 일이니? →

(2) 너는 무엇을 먹니? (단순형으로) →

(3) 그녀들은 무엇을 보니? (중복형으로) →

(4) 그는 무엇을 공부하니? (단순형으로) →

■ 부분관사

부분관사는 전체 중에서 부분적이거나 셀 수 없는 명사 앞에 사용한다.

(1) 형태

남성단수	du (de l')	du pain 빵 du beurre 버터 de l'argent 돈
여성단수	de la (de l')	de la salade 샐러드 de la confiture 잼 de l'eau 물
남성•여성 복수	des	des fruits 과일 des légumes 야채

☞ du, de la + 모음 또는 무음 h로 시작되는 단수 명사 앞에서 de l'로 축약된다.

ex) du argent → de l'argent 돈

de la eau → de l'eau 물

de la omelette → de l'omelette 오믈렛

(2) 용법

1) 셀 수 없는 물질 명사 앞에서 전체의 '일부', '약간'의 의미로 사용한다.

ex) Je mange du fromage avec du vin. 나는 포도주와 함께 치즈를 먹는다.

Ma mère achète de l'huile et des légumes. 나의 어머니는 기름과 야채를 산다.

2) 추상명사 앞에서 '어느 정도'의 의미로 사용한다.

ex) Tu as de la patience. 너는 인내심이 있다

Elle a du courage. 그녀는 용기가 있다.

스피드 문제

■ 다음 ( ) 안에 알맞은 부분관사를 넣어보세요.

(1) Vous avez (   ) chance.

(2) (   ) eau, s'il vous plaît !

(3) Tu veux (   ) thé ?

(4) J'achète (   ) viande.

(5) Vous voulez acheter (   ) pâtes ?

■ 근접 미래

근접 미래는 주로 가까운 미래에 일어날 일을 표현하고자 할 때 사용한다.

(1) 형태

aller + 동사원형		
Je Tu Il/Elle Nous Vous Ils/Elles	vais vas va allons allez vont	voyager à Paris.

(2) 용법

1) '곧 ~할 것이다'라는 의미로 곧 일어날 일을 표현한다.

ex) Elle va acheter un billet de train. 그녀는 기차표 한장을 곧 살 것이다.

Nous allons arriver à l'université. 우리는 대학교에 곧 도착할 것이다.

2) 가까운 시일에 이루고 싶은 계획을 표현한다.

ex) Je vais voyager en France. 나는 프랑스로 여행을 떠날 것이다.

Elle va visiter New York. 그녀는 뉴욕을 방문할 것이다.

스피드 문제

■ 다음 문장을 근접미래로 바꿔보세요.

(1) Tu travailles au café.

→

(2) Elle donne du pain à son amie.

→

(3) Nous quittons Paris.

→

(4) Il reste chez moi.

→

(5) Je prépare le dîner.

→

■ 3군 불규칙동사 faire

faire ~하다, 만들다			
je	fais	nous	faisons*
tu	fais	vous	faites
il/elle	fait	ils/elles	font

☞ nous의 동사변화형 faisons [fəzɔ̃]의 발음에 유의하여야 한다.

▶ faire 동사를 활용한 표현

faire + 부분관사 + 명사		
	운동 관련 명사	악기 관련 명사
faire	du sport 운동하다 du ski 스키타다 de la natation 수영하다 du jogging 조깅하다 du tennis 테니스치다	de la guitare 기타를 치다 du piano 피아노를 치다

faire + 정관사 + 명사	
faire	la cuisine 요리하다 la vaisselle 설거지하다 les courses 시장보다 la chambre 방을 청소하다

스피드 문제

■ 다음 주어진 단어들을 가지고 문장을 만들어 보세요.

(1) des gâteaux, souvent, il, faire

→

(2) du sport, les étudiants, faire

→

(3) qu'est-ce que, tu, le week-end, faire

→

(4) du jogging, elle, tous les jours, faire

→

(5) la cuisine, très bien, Sylvie et moi, faire

→

■ 1군 규칙동사 변칙형 acheter

acheter ~ 을 사다			
j'	achète	nous‿	achetons
tu	achètes	vous‿	achetez
il/elle	achète	ils/elles‿	achètent

스피드 문제

■ 다음 문장을 프랑스어로 써보세요.

(1) 나는 책 한권을 산다.

→

(2) 나의 엄마는 가게에서 모자를 산다. (모자 : un chapeau, 가게 : le magasin)

→

(3) 그녀는 그녀의 친구를 위해 선물을 산다. (선물 : un cadeau)

→

■ 3군 불규칙동사 prendre

prendre ~ 먹다, 마시다, 타다			
je	prends	nous	prenons
tu	prends	vous	prenez
il/elle	prend	ils/elles	prennent

스피드 문제

■ prendre 동사를 활용하여 다음 문장을 프랑스어로 써보세요.

(1) 나는 학교에 가기 위해 버스를 탄다. (버스 : le bus)

→

(2) 당신은 저녁식사를 한다. (저녁식사 : le dîner)

→

(3) 그들은 카페에서 커피를 마신다.

→

(4) 나는 아침마다 차와 빵을 먹는다. (아침마다 : tous les matins)

→

■ 3군 불규칙동사 venir

venir ~ 오다, (상대방 쪽으로) 가다			
je tu il/elle	viens viens vient	nous vous ils/elles	venons venez viennent

스피드 문제

■ 다음 문장을 프랑스어로 써보세요.

(1) 그녀는 런던에서 온다. (~로부터 : de)

→

(2) 그녀들은 나의 집에 매일 온다.

→

(3) 강아지가 우리 쪽으로 온다. (~ 쪽으로 : vers)

→

대화문 듣기

상황 1

Somi : Salut, Pierre ! Où vas-tu ?
Pierre : Je vais au café. Tu veux venir avec moi ?
Somi : Avec plaisir.

[un peu plus tard]
Pierre : Qu'est-ce que tu veux ?
Somi : Je prends du café. Et toi ?
Pierre : Moi, je veux prendre un café avec du pain.
Somi : Tu veux de la confiture ?
Pierre : Non, du beurre seulement.
Somi : D'accord.

상황 2

Michel : Qu'est-ce que tu vas faire demain ?
Somi : Je vais faire des courses avec ma soeur.
Michel : Où est-ce que tu vas faire tes courses ?
Somi : Au marché, près de chez moi.
Michel : Qu'est-ce que tu vas acheter ?
Somi : Je vais acheter des fruits et des légumes.
Michel : Moi, je dois acheter de la viande. Je peux venir avec vous ?
Somi : Bien sûr. À demain.
Michel : À demain.

대화문 읽기

주어진 단어장을 참고하여 대화문을 해석해보세요.

상황 1

단어장

avec plaisir 기꺼이 un peu plus tard 얼마 후 pain m. 빵	confiture f. 잼 seulement 단지, 오직 beurre m. 버터

Somi : Salut, Pierre ! Où vas-tu ?

[ ]

Pierre : Je vais au café. Tu veux venir avec moi ?

[ ]

Somi : Avec plaisir.

[ ]

[un peu plus tard]

[ ]

Pierre : Qu'est-ce que tu veux ?

[ ]

Somi : Je prends du café. Et toi ?

[ ]

Pierre : Moi, je veux prendre un café avec du pain.

[ ]

Somi : Tu veux de la confiture ?

[ ]

Pierre : Non, du beurre seulement.

[ ]

Somi : D'accord.

[ ]

상황 2

단어장

faire des coures 장을 보다 marché m. 시장 acheter 사다 fruits m.pl. 과일	légumes m.pl. 야채 viande f. 고기 Bien sûr. 물론.

Michel : Qu'est-ce que tu vas faire demain ?

[ ]

Somi : Je vais faire des courses avec ma soeur.

[ ]

Michel : Où est-ce que tu vas faire tes courses ?

[ ]

Somi : Au marché près de chez moi.

[ ]

Michel : Qu'est-ce que tu vas acheter ?

[ ]

Somi : Je vais acheter des fruits et des légumes.

[ ]

Michel : Moi, je dois acheter de la viande. Je peux venir avec vous ?

[ ]

Somi : Bien sûr. À demain.

[ ]

Michel : À demain.

[ ]

프랑스어 쓰기

주어진 단어장을 참고하여 다음 글을 프랑스어로 써보세요.

단어장

marché m. 시장 aujourd'hui 오늘 faire la cuisine 요리하다 préparer 준비하다	fromage m. 치즈 alors 그래서 tous les matins 매일 아침

① 나는 엄마와 함께 매일 시장에 간다.
② 시장에서 우리는 과일과 야채를 산다.
③ 오늘 나는 엄마와 함께 요리를 할 것이다.
④ 나는 샐러드를 준비할 것이고, 엄마는 고기를 준비할 것이다.
⑤ 나는 빵과 치즈를 좋아한다.
⑥ 그래서 매일 아침 나는 커피와 함께 빵을 먹는다.
⑦ 당신은 무엇을 좋아하나요?

①

②

③

④

⑤

⑥

⑦

프랑스어 말하기

밑줄 친 부분에 들어갈 문장을 <보기>에서 찾아 보고, 친구와 대화를 나눠보세요.
그리고 원어민 녹음을 듣고 따라해보세요.

<보기>

① Bien sûr.
② Nous allons au marché.
③ Nous allons acheter des fruits et des légumes.
④ Qu'est-ce que vous allez prendre ?

A : Bonjour Sophie. Qui est-ce ?
B : Bonjour Nicolas. C'est mon amie Catherine.
A : Enchanté Catherine. Où allez-vous ?
B : ....
A : Qu'est-ce que vous voulez acheter ?
B : ....
A : Qu'est-ce que vous allez faire après ?
B : Nous allons aller au café.
A : Ah bon. ....
B : Nous allons prendre du café au lait avec des croissants.
A : Je suis libre maintenant. Est-ce que je peux venir avec vous ?
B : ....
A : Merci. On y va.

LEÇON 7

날씨와 시간 표현하기

핵심 문법

1. 비인칭구문
2. 전치사 en / à
3. 수형용사
4. 정관사 축약 de
5. 동사
   3군 불규칙동사 sortir
   3군 불규칙동사 partir
   3군 불규칙동사 voir

핵심 문법

■ 비인칭 구문

비인칭 구문이란 형식상의 주어인 비인칭대명사 'il'과 3인칭 단수로만 쓰이는 동사로 구성된 구문을 말한다.

(1) 기후, 날씨 표현

1) 본래 비인칭 동사

pleuvoir	비가 내리다
neiger	눈이 내리다
tonner	천둥이 치다

ex) Il pleut beaucoup. 비가 많이 내린다.
Il neige peu. 눈이 조금 온다.
Il tonne souvent. 천둥이 자주 친다.

2) 전환된 비인칭 동사 : faire

▶ Quel temps fait-il aujourd'hui ? 날씨가 어떻습니까?

Il fait + 형용사		Il fait + 부분관사 + 명사	
Il fait beau. Il fait mauvais. Il fait froid. Il fait chaud. Il fait frais.	날씨가 좋다. 날씨가 나쁘다. 날씨가 춥다. 날씨가 덥다. 날씨가 선선하다.	Il fait du vent. Il fait du soleil.	바람이 분다. 해가 비친다(날씨가 맑다.)

(2) 시간 표현

▶ 전환된 비인칭 동사 : être

Quelle heure est-il ? 지금 몇 시입니까?

<table>
<tr><td rowspan="3">Il est</td><td>une heure 1시</td><td rowspan="2">cinq. 5분
dix. 10분
quinze. / et quart. 15분
vingt. 20분
trente / et demie. 30분 / 반
cinquante. / moins dix. 50분 / 10분 전
quarante-cinq. / moins le quart. 45분 / 15분전</td></tr>
<tr><td>deux heures 2시
trois heures 3시
quatre heures 4시
cinq heures 5시
six heures 6시
sept heures 7시
:</td></tr>
<tr><td>midi 정오
minuit 자정</td><td>et demi. 반</td></tr>
</table>

스피드 문제

■ 다음 ( ) 안에 알맞은 비인칭 동사를 써보세요.

(1) Il ( ) beaucoup. 눈이 많이 내린다.

(2) Il ( ) beau tous les jours. 매일 날씨가 좋다.

(3) Il ( ) trois heures et cinq. 지금 3시 5분이다.

(4) Il ( ) maintenant. 지금 비가 내린다.

(5) Quelle heure ( )-il ? 몇 시입니까?

■ 전치사 en / à

(1) '~나라에(서)' 표현

'~나라에(서)'라고 표현할 때 '국가'의 성에 따라 전치사를 달리 사용한다.

en + 여성국가명 / 모음으로 시작하는 남성국가명	en France 프랑스에(서) en Corée 한국에(서) en Chine 중국에(서) en Allemagne 독일에(서) en Iran 이란에(서)
au + 남성국가명	au Canada 캐나다에(서) au Japon 일본에(서) * au Mexique 멕시코에(서)
aux + 복수형 국가명	aux États-Unis 미국에(서) aux Pays-Bas 네덜란드에(서)

ex) Je pars en France avec ma famille. 나는 내 가족과 함께 프랑스로 떠난다.

Elle va voyager au Japon pendant les vacances.

그녀는 방학 동안 일본으로 여행갈 것이다

Nous étudions l'anglais aux États-Unis. 우리는 미국에서 영어를 공부한다.

(2) '~ 계절(에)' 표현

en + 여름, 가을, 겨울		au + 봄	
en été en automne en hiver	여름에 가을에 겨울에	au printemps	봄에

ex) Je vais déménager au printemps. 나는 봄에 이사할 것이다.

Je fais du ski en hiver. 나는 겨울에 스키를 탄다.

스피드 문제

■ 다음 ( ) 안에 알맞은 전치사를 넣어보세요.

(1) Elle habite ( ) Angleterre.

(2) Quand retournez-vous ( ) Corée ?

(3) Tu pars ( ) Mexique ?

(4) Ils sont ( ) Suisse ?

(5) ( ) Italie, il y a beaucoup de châteaux.

(6) Nous sommes ( ) Brésil.

(7) Nous passons les vacances d'hiver ( ) Iran.

■ 다음 문장을 프랑스어로 써보세요.

(1) 겨울에 눈이 많이 내린다.

→

(2) 나는 여름에 프랑스에 간다.

→

(3) 가을에 그녀는 여행하는 것을 좋아한다.

→

(4) 봄에 내 동생은 학교에 간다.

→

■ 수형용사

(1) 형태

1) 수를 조합해서 사용하는 17부터 99까지는 '-' 으로 연결한다.
2) 단 21,31,41,51,61,71에서는 et로 연결하고, 앞 단어 끝의 자음과 연음한다.
3) 81, 91은 et를 생략하여 사용한다.
4) 20 (vingt)과 100 (cent)은 배수가 되면 어미에 s를 붙인다. 단 뒤에 다른 수 형용사가 오면 s를 안 붙인다.

ex) -quatre-vingts / quatre-vingt-deux
-deux cents / cent-deux

1	un(une)	11	onze	21	vingt-et-un	31	trente-et-un
2	deux	12	douze	22	vingt-deux	32	trente-deux
3	trois	13	treize	23	vingt-trois	33	trente-trois
4	quatre	14	quatorze	24	vingt-quatre	34	trente-quatre
5	cinq	15	quinze	25	vingt-cinq	35	trente-cinq
6	six	16	seize	26	vingt-six	36	trente-six
7	sept	17	dix-sept	27	vingt-sept	37	trente-sept
8	huit	18	dix-huit	28	vingt-huit	38	trente-huit
9	neuf	19	dix-neuf	29	vingt-neuf	39	trente-neuf
10	dix	20	vingt	30	trente	40	quarante

41	quarante-et-un	51	cinquante-et-un	61	soixante-et-un
42	quarante-deux	52	cinquante-deux	62	soixante-deux
43	quarante-trois	53	cinquante-trois	63	soixante-trois
44	quarante-quatre	54	cinquante-quatre	64	soixante-quatre
45	quarante-cinq	55	cinquante-cinq	65	soixante-cinq
46	quarante-six	56	cinquante-six	66	soixante-six
47	quarante-sept	57	cinquante-sept	67	soixante-sept
48	quarante-huit	58	cinquante-huit	68	soixante-huit

49	quarante-neuf	59	cinquante-neuf	69	soixante-neuf
50	cinquante	60	Soixante	70	soixante-dix

71	soixante-et-onze	81	quatre-vingt-un	91	quatre-vingt-onze
72	soixante-douze	82	quatre-vingt-deux	92	quatre-vingt-douze
73	soixante-treize	83	quatre-vingt-trois	93	quatre-vingt-treize
74	soixante-quatorze	84	quatre-vingt-quatre	94	quatre-vingt-quatorze
75	soixante-quinze	85	quatre-vingt-cinq	95	quatre-vingt-quinze
76	soixante-seize	86	quatre-vingt-six	96	quatre-vingt-seize
77	soixante-dix-sept	87	quatre-vingt-sept	97	quatre-vingt-dix-sept
78	soixante-dix-huit	88	quatre-vingt-huit	98	quatre-vingt-dix-huit
79	soixante-dix-neuf	89	quatre-vingt-neuf	99	quatre-vingt-dix-neuf
80	quatre-vingts	90	quatre-vingt-dix	100	cent

(2) 발음

1) cinq, six, huit, dix의 마지막 자음은 발음되지만, 뒤에 자음이 올 경우에는 발음되지 않는다.

ex) cinq tables 테이블 5개　dix baguettes 바게트 10개

2) sept, neuf의 마지막 자음은 항상 발음된다.

ex) sept livres 책 7권　　neuf croissants 크와쌍 9개

3) neuf는 모음으로 시작하는 명사가 뒤따라오는 경우 '해, 년'을 의미하는 an과 '시간'을 의미하는 heure하고만 [v] 로 발음되고, 나머지는 [f]로 발음된다.

ex) - neuf ans [nœ vɑ̃] 9살　　neuf heures [nœ vœːʀ] 9시

- neuf enfants [nœf ɑ̃fɑ̃] 아이 9명　　neuf étudiants [nœf etydjɑ̃] 학생 9명

(3) 용법

1) 일반적으로 명사 앞에서 부가형용사로 쓰인다.

ex) les quatre chats 고양이 4마리

2) 속사로 쓰인다.

ex) Nous sommes trois. 우리는 3명이다.

스피드 문제

■ 다음 숫자를 프랑스어로 써보세요.

(1) 7 →　　(2) 9 →

(3) 21 →　　(4) 35 →

(5) 80 →　　(6) 95 →

■ 다음 전화번호를 프랑스어로 써보세요.

(1) 02-45-17-56-06 →

(2) 01-34-27-59-23 →

(3) 05-89-67-72-46 →

■ 정관사 축약 de

전치사 de 뒤에 정관사가 올 때 정관사가 축약되어 사용된다.

(1) 형태

전치사 de + 정관사	축약형태
de + le	du
de + la (그대로)	de la
de + les	des
de + l' (그대로)	de + l'

(2) 용법

1) de + le → du / de + l' → de l'

ex) un livre de le professeur (x) → un livre du professeur 선생님의 책

le chapeau de l'enfant → le chapeau de l'enfant 아이의 모자

2) de + la → de la / de + l' → de l'

ex) la porte de la banque → la porte de la banque 은행의 문

le jardin de l'école → le jardin de l'école 학교의 정원

3) de + les → des

ex) la fin de les vacances (x) → la fin des vacances 방학의 끝

스피드 문제

■ 다음 ( ) 안에 알맞은 정관사 축약을 넣어보세요.

(1) C'est la table ( ) étudiants.

(2) Les chaussures ( ) enfant sont sales.

(3) Le numéro ( ) maison est 12.

(4) La voiture ( ) voisin est rouge.

(5) Ce sont les sacs ( ) actrice.

■ 3군 불규칙동사 sortir

sortir ~ 나가다, 외출하다			
je tu il/elle	sors sors sort	nous vous ils/elles	sortons sortez sortent

스피드 문제

■ 다음 문장을 프랑스어로 써보세요.

(1) 나는 친구와 외출한다.

→

(2) 그녀는 사무실을 나와, 택시를 탄다. (사무실: le bureau)

→

(3) 나와 친구는 7시에 외출할 것이다. (근접미래로)

■ 3군 불규칙동사 partir

partir ~ 떠나다			
je tu il/elle	pars pars part	nous vous ils/elles	partons partez partent

스피드 문제

■ 다음 문장을 프랑스어로 써보세요.

(1) 나는 파리로 떠난다.

→

(2) 기차가 4시에 출발한다. (기차 : le train)

→

(3) 우리들은 여행을 떠날 것이다. (여행을 떠나다 : partir en voyage)

→

대화문 듣기

상황 1

Cécile : Quel temps fait-il aujourd'hui ?
Minsou : Il fait un peu mauvais.
Cécile : Quel temps fait-il en Corée au printemps ?
Minsou : Il fait beau et doux comme en France.
Cécile : Et en hiver ?
Minsou : Il fait froid et il neige beaucoup.
Cécile : Ah bon ? Et en été ?
Minsou : Il fait très chaud et humide.
Cécile : Oh là là ! Mais en automne ?
Minsou : Il fait frais et agréable. Je sors souvent au parc pour faire une promenade.

상황 2

Cécile : Minsou, quelle heure est-il ?
Minsou : Il est quatre heures et demie.
Cécile : Oh là là... Je suis en retard. J'ai rendez-vous avec mon ami Eric.
Minsou : À quelle heure ?
Cécile : À cinq heures.
Minsou : Où est-ce que tu rencontres ton ami ?
Cécile : Devant le cinéma. Le film commence à cinq heures vingt.
Minsou : Et après ?
Cécile : Après le cinéma, nous allons dîner ensemble au restaurant à côté du cinéma. Je dois partir maintenant. Salut !
Minsou : Salut, bonne soirée !

대화문 읽기

주어진 단어장을 참고하여 대화문을 해석해보세요.

상황 1

단어장

temps m. 시간 mauvais(e) 나쁜 en Corée 한국에서 au printemps 봄에 beau(belle) 아름다운 doux (ce) 따뜻한 comme ~처럼 en France 프랑스에서 en hiver 겨울에 froid(e) 추운 neiger 눈이 오다	Ah bon ! 그렇구나! en été 여름에 chaud(e) 더운 humide 습한 en automne 가을에 frais (fraîche) 서늘한 agréable 쾌적한 sortir 나가다 souvent 자주 parc m. 공원 faire une promenade 산책하다

Cécile : Quel temps fait-il aujourd'hui ?

[ ]

Minsou : Il fait un peu mauvais.

[ ]

Cécile : Quel temps fait-il en Corée au printemps ?

[ ]

Minsou : Il fait beau et doux comme en France.

[ ]

Cécile : Et en hiver ?

[ ]

Minsou : Il fait froid et il neige beaucoup.

[ ]

Cécile : Ah bon ? Et en été ?

[ ]

Minsou : Il fait très chaud et humide.

[ ]

Cécile : Oh là là ! Mais en automne ?

[ ]

Minsou : Il fait frais et agréable. Je sors souvent au parc pour faire une promenade.

[ ]

상황 2

단어장

heure f. 시간	dîner 저녁식사하다
être en retard 늦다	restaurant m. 레스토랑
avoir rendez-vous avec ~와 약속이 있다	à côté de ~의 옆에
rencontrer 만나다	devoir ~해야한다
devant ~앞에(서)	partir 나가다
commencer 시작하다	maintenant 지금
après 후에	Bonne soirée ! 좋은 저녁 보내!

Cécile : Minsou, quelle heure est-il ?

[ ]

Minsou : Il est quatre heures et demie.

[ ]

Cécile : Oh la la... Je suis en retard. J'ai rendez-vous avec mon ami Eric.

[ ]

Minsou : A quelle heure ?

[ ]

Cécile : A cinq heures.

[ ]

Minsou : Où est-ce que tu rencontres ton ami ?

[ ]

Cécile : Devant le cinéma. Le film commence à cinq heures vingt.

[ ]

Minsou : Et après ?

[ ]

Cécile : Nous allons dîner au restaurant à côté du cinéma.

[ ]

Je dois partir maintenant. Salut !

[ ]

Minsou : Salut, bonne soirée !

[ ]

프랑스어 쓰기

주어진 단어장을 참고하여 다음 글을 프랑스어로 써보세요.

단어장

aujourd'hui 오늘 avoir rendez-vous avec qn ~와 약속이 있다 commencer 시작하다 humide 습한	prendre le bus 버스를 타다 arriver 도착하다 près de ~가까이에(서) entrer 들어가다

① 오늘 나는 친구와 약속이 있다.
② 나는 친구와 영화를 볼 것이다.
③ 영화는 4시에 시작한다.
④ 그런데 오늘 날씨가 좋지 않다.
⑤ 비가 많이 내리고 있고 습하고 덥다.
⑥ 지금 시간은 두시 반이다.
⑦ 나는 버스를 타야만 한다.
⑧ 버스는 영화관 앞에 3시 20분에 도착한다.
⑨ 내 친구가 영화관 옆에 있다.
⑩ 우리는 티켓을 사고 영화관에 들어간다.

①
②
③
④
⑤
⑥
⑦
⑧
⑨
⑩

프랑스어 말하기

밑줄 친 부분에 들어갈 문장을 <보기>에서 찾아 보고, 친구와 대화를 나눠보세요.
그리고 원어민 녹음을 듣고 따라해보세요.

<보기>

① Où est le sac de Paul ?
② Vers 10 heures.
③ Ah, je vois.
④ J'ai rendez-vous avec mon ami au cinéma.

A : Il fait beau aujourd'hui. Qu'est-ce que tu vas faire ?
B : ....
A : À quelle heure ?
B : À 6 heures.
A : C'est très bien. ....
B : Il est sur la chaise.
A : .... À quelle heure finit le film?
B : À 7 heures et demie. Et toi, qu'est-ce que tu vas faire ?
A : Moi, je sors. Je vais faire du tennis avec mon ami Paul.
À quelle heure rentres-tu à la maison ?
B : ....
A : C'est très bien. Bonne journée !

LEÇON 8

일상 표현하기 II

핵심 문법

1. 대명동사
2. 근접과거
3. 목적보어 인칭대명사
4. 동사

   대명동사 se promener

핵심 문법

■ 대명동사

대명동사란 주어와 같은 사람이나 사물을 나타내는 보어인칭대명사 se를 동반하면서 주어 자신에게 행위가 미치게 하는 동사를 말한다. 대명동사의 변화형은 se가 주어의 인칭과 수에 따라 me, te, se(단수), nous, vous, se(복수)로 변화한다는 것 외에는 일반 동사와 다름이 없다.

(1) 형태

▶ 긍정형

	se lever 일어나다	se coucher 잠자리에 들다	s'appeler 이름이 ~이다
je	me lève	me couche	m'appelle
tu	te lèves	te couches	t'appelles
il/elle	se lève	se couche	s'appelle
nous	nous levons	nous couchons	nous appelons
vous	vous levez	vous couchez	vous appelez
ils/elles	se lèvent	se couchent	s'appellent

☞ me, te, se는 모음이나 무음 h로 시작하는 동사 앞에서 m', t', s'로 축약된다.

▶ 부정형

부정형은 재귀인칭대명사와 동사 앞에 ne, 동사 뒤에 pas를 붙인다.

	se reposer 쉬다	s'habiller 옷을 입다
je	ne me repose pas	ne m'habille pas
tu	ne te reposes pas	ne t'habilles pas

il/elle	ne se repose pas	ne s’habille pas
nous	ne nous reposons pas	ne nous habillons pas
vous	ne vous reposez pas	ne vous habillez pas
ils/elles	ne se reposent pas	ne s’habillent pas

(2) 용법

대명동사는 4가지 범주로 나뉜다.

1) 재귀적 대명동사 : 주어의 동작이 주어 자신에게 되돌아가는 동사이다.

ex) Je me couche à 11 heures. 나는 11시에 잠자리에 든다.

Elle se réveille à 7 heures. 그녀는 7시에 깬다.

2) 상호적 대명동사 : 주어의 동작이 서로에게 미치는 것으로 주어는 항상 복수이다.

ex) Elles s’aiment. 그녀들은 서로 좋아한다.

Ils se regardent. 그들은 서로 바라본다.

3) 수동적 대명동사 : 3인칭 사물 주어와 쓰여 수동의 의미를 나타낸다.

ex) La porte se ferme. 문이 닫힌다.

Ses livres se vendent bien. 그의 책들은 잘 팔린다.

4) 본질적 대명동사 : 재귀 인칭 대명사가 특별한 의미 없이 항상 대명동사로 사용된다.

ex) Je m’en vais. (s’en aller) 나 가볼게.

Il s’écrie. (s’écrier) 그는 소리를 지른다.

스피드 문제

■ 다음 ( ) 안에 대명동사를 변화시켜 넣어보세요.

(1) Elle (   ) à 7 heures. → se réveiller

(2) Je (   ) à 11 heures. → se coucher

(3) Ils (   ) au parc. → se promener

(4) Nous (   ) à la maison. → se reposer

(5) Elles (   ) tous les jours. → se téléphoner

■ 다음 질문에 답해보세요.

(1) Tu t'appelles comment ?

→

(2) Il se promène avec son chien ?

→ Non,

(3) Est-ce qu'elles s'aiment ?

→ Oui,

(4) Vous vous réveillez à 8 heures ?

→ Non,

■ 근접과거

근접과거는 가까운 과거에 이루어진 행위를 표현할 때 사용한다.

(1) 형태

venir + de + 동사원형		
Je Tu Il/Elle Nous Vous Ils/Elles	viens viens vient venons venez viennent	de visiter Paris.

(2) 용법

1) '방금 ~하다'라는 의미로 방금 전에 일어난 행위를 표현한다.

ex) Je viens de rentrer de l'école. 나는 학교에서 방금 돌아왔다.

Il vient d'acheter une maison pour sa femme.

그는 자기 부인을 위해 방금 집 한 채를 샀다.

☞ de 다음에 모음이나 무음 h로 시작하는 동사가 오면 d'로 축약된다.

2) 'venir + 동사원형'은 '~하러 오다'의 의미를 갖는다.

ex) Elle vient voir ses grands-parents le week-end. 그녀는 주말에 조부모님을 뵈러 온다.

Je viens travailler à la bibliothèque tous les jours. 나는 매일 도서관에 일하러 온다.

스피드 문제

■ 다음 문장을 근접과거로 바꿔보세요.

(1) Tu sors de la maison.

→

(2) Il fait du sport.

→

(3) Nous nous lavons.

→

(4) Vous arrivez au restaurant ?

→

(5) Je prépare le petit-déjeuner.

→

■ 다음 주어진 단어들을 가지고 근접과거 문장으로 만들어 보세요.

(1) faire un gâteau, il, venir

→

(2) acheter deux vins, nous, venir

→

(3) se laver, je, venir

→

(4) manger une pizza, nous, venir

→

■ 목적보어 인칭대명사

목적보어 인칭대명사는 앞에 나온 명사의 반복을 피하기 위해 사용되며 직접목적보어와 간접목적보어로 나뉜다. 직접·간접목적보어는 긍정명령형을 제외하고는 모두 동사 앞에 놓인다.

(1) 형태

<table>
<tr><th></th><th>1인칭단수</th><th>2인칭단수</th><th colspan="2">3인칭단수</th><th>1인칭복수</th><th>2인칭복수</th><th>3인칭복수</th></tr>
<tr><td>직접보어</td><td rowspan="2">me
(m')</td><td rowspan="2">te
(t')</td><td>le
(l')</td><td>la
(l')</td><td rowspan="2">nous</td><td rowspan="2">vous</td><td>les</td></tr>
<tr><td>간접보어</td><td colspan="2">lui</td><td>leur</td></tr>
</table>

☞ me, te, le, la는 모음이나 무음 h 로 시작하는 단어 앞에서 m', t', l'로 축약된다.

(2) 용법

1) 직접목적보어 me, te, nous, vous는 사람을 대신하지만 le, la, les는 사람 또는 사물을 대신한다.

ex) Je t'aime.

J'aime Paul. → Je l'aime. 나는 그를 좋아한다.

Elle donne une pomme. → Elle la donne. 그녀는 그것을 준다.

Nous achetons des bonbons. → Nous les achetons. 우리는 그것들을 산다.

2) 간접목적보어는 전치사 à를 동반하는 사람을 대신한다. (~에게)

ex) Tu me donnes un livre. 너는 나에게 책 한권을 준다.

Elle te téléphone. 그녀는 너에게 전화한다.

3) 간접목적보어 lui와 leur는 남성과 여성의 형태가 같다.

ex) Vous parlez à Sylvie. → Vous lui parlez. 당신은 그녀에게 말한다.

Vous parlez à Jacques. → Vous lui parlez. 당신은 그에게 말한다.

4) 부정문은 목적보어대명사와 동사 앞에 ne, 동사 뒤에 pas를 붙인다.

ex) Elle ne te regarde pas. 그녀는 너를 보지 않는다.

Je ne lui téléphone pas. 나는 그(녀)에게 전화한다.

스피드 문제

■ 다음 밑줄 친 단어를 le, la, les, lui, leur로 바꿔 문장을 다시 써보세요.

(1) Tu parles à Thomas.

→

(2) Elle téléphone à Marie et Pierre.

→

(3) Je prends le taxi le matin.

→

(4) Nous regardons toujours la télévision.

→

(5) Vous achetez les chaussures ?

→

(6) Elle aime Paul.

→

(7) Nous donnons des livres et un cahier.

→

■ 다음 질문에 답해보세요. (긍정문으로)

(1) Tu me téléphones ?

→

(2) Elle te donne un cadeau ?

→

(3) Vous achetez une voiture ?

→

(4) Elle donne des chocolats aux enfants ?

→

■ 대명동사 se promener

se premener 산책하다			
je tu il/elle	me promène te promènes se promène	nous vous ils/elles	nous promenons vous promenez se promènent

스피드 문제

■ 다음 문장을 프랑스어로 써보세요.

(1) 나는 공원에서 산책한다.

→

(2) 나의 할아버지는 아침마다 개와 산책한다. (아침마다 : tous les matins)

→

(3) 우리들은 7시에 일어나서 8시에 산책한다.

→

(4) 그녀는 방금 전에 산책하고 집에 들어온다.

→

대화문 듣기

상황 1

Martin : Allô ? C'est moi. Tu es encore à la maison ? On a rendez-vous à neuf heures et demie devant le cinéma.

Minsou : Ah ! Je suis désolé. Je viens de me lever. Quelle heure est-il ?

Martin : Il est neuf heures.

Minsou : Ah bon ! Je suis vraiment désolé. Je me dépêche. Je me lave et je m'habille rapidement, je pars tout de suite.

Martin : D'accord.

[un peu plus tard]

Minsou : Pardon, je suis en retard.

Martin : Ça va. Je viens d'acheter deux tickets.

Minsou : C'est très bien. Après le cinéma, je t'invite dans un restaurant français.

상황 2

Sophie : Tu es prêt ?

Minsou : Non, pas encore. Je me peigne et je m'habille.

Sophie : D'accord. Je prépare le petit-déjeuner.

Minsou : Merci. Je veux bien du café et un croissant, s'il te plaît. Et toi, tu veux du café ?

Sophie : Non merci. Je viens de prendre une tasse de café. Je te donne du sucre ?

Minsou : Oui, je veux bien. Qu'est-ce que tu vas faire après ?

Sophie : Je vais me promener avec mon chien au parc.

대화문 읽기

주어진 단어장을 참고하여 대화문을 해석해보세요.

상황 1

단어장

allô 여보세요	s'habiller 입다
encore 아직	rapidement 빨리
désolé(e) 애석한, 유감스러운	tout de suite 즉시
se lever 일어나다	un peu plus tard 잠시 후
vraiment 정말로	ticket m. 표
se dépêcher 서두르다	inviter 초대하다
se laver 씻다	

Martin : Allô ? C'est moi. Tu es encore à la maison ?
[ ]
On a rendez-vous à neuf heures et demie devant le cinéma.
[ ]
Minsou : Ah ! Je suis désolé. Je viens de me lever.
[ ]
Quelle heure est-il ?
[ ]
Martin : Il est neuf heures.
[ ]
Minsou : Ah bon ! Je suis vraiment désolé.
[ ]
Je me dépêche. Je me lave et je m'habille rapidement,
[ ]
je pars tout de suite.
[ ]

Martin : D'accord.

[ ]

[un peu plus tard]

Minsou : Pardon, je suis en retard.

[ ]

Martin : Ça va. Je viens d'acheter deux tickets.

[ ]

Minsou : C'est très bien. Après le cinéma, je t'invite dans un restaurant français.

[ ]

상황 2

단어장

prêt(e) 준비된 pas encore 아직 se peigner 빗다 préparer 준비하다 petit-déjeuner m. 아침식사 croissant m. 크루아상 s'il te plaît 제발, 부디 (상대에게 정중하게 무엇을	부탁할 때 덧붙이는 말) prendre 마시다 une tasse de café 커피 한 잔 donner 주다 sucre m. 설탕 se promener 산책하다

Sophie : Tu es prêt ?

[ ]

Minsou : Non, pas encore. Je me peigne et je m'habille.

[ ]

Sophie : D'accord. Je prépare le petit-déjeuner.

[ ]

Minsou : Merci. Je veux bien du café et un croissant, s'il te plaît.

[ ]

Et toi, tu veux du café ?

[ ]

Sophie : Non merci. Je viens de prendre une tasse de café.

[ ]

Je te donne du sucre ?

[ ]

Minsou : Oui, je veux bien. Qu'est-ce que tu vas faire après ?

[ ]

Sophie : Je vais me promener avec mon chien au parc.

[ ]

프랑스어 쓰기

주어진 단어장을 참고하여 다음 글을 프랑스어로 써보세요.

단어장

un peu 약간 fatigué(e) 피곤한 préparer 준비하다 petit-déjeuner m. 아침식사 se dépêcher 서두르다 avoir rendez-vous avec qn ~와 약속이 있다	donner 주다 cadeau m. 선물 rentrer 돌아오다 chez ~ 집에 ce soir 오늘 저녁

① 나는 방금 전에 일어났다.

② 나는 좀 피곤하다.

③ 나는 씻고, 옷을 입는다.

④ 지금 시간은 10시이다.

⑤ 엄마가 나를 위해 아침을 준비해준다.

⑥ 나는 서두른다. 11시 30분에 내 친구와 약속이 있다.

⑦ 우리는 카페에서 만난다. 친구가 내게 선물을 준다.

⑧ 그것은 책이다.

⑨ 나는 친구와 공원을 산책하고, 집으로 돌아온다.

⑩ 오늘 저녁 나는 9시에 잠자리에 들것이다.

①

②

③

④

⑤

⑥

⑦

⑧

⑨

⑩

프랑스어 말하기

밑줄 친 부분에 들어갈 문장을 <보기>에서 찾아 보고, 친구와 대화를 나눠보세요.
그리고 원어민 녹음을 듣고 따라해보세요.

<보기>

① Qu'est-ce que tu veux prendre ?
② je viens de me lever.
③ j'ai rendez-vous avec mon amie Sylvie.
④ Tu as rendez-vous où ?
⑤ Quelle heure est-il ?

A : Paul, Sylvie vient de t'appeler. Tu es encore au lit ?
B : Non, ...
A : Tu es prêt à prendre le petit-déjeuner ?
B : Oui, je suis prêt.
A : .... Du café ou du lait ?
B : Je veux bien du lait, s'il te plaît.
A : Tiens. Je te donne du pain ?
B : Oui, je veux bien. J'ai faim.
A : Tu vas te reposer aujourd'hui à la maison ?
B : Non, ...
A : Tu as rendez-vous à quelle heure ?
B : À 10 heures. ....
A : Il est 9 heures. Tu vas être en retard. ....
B : On se rencontre au parc.
A : Qu'est-ce que vous allez faire là-bas ?
B : Nous allons nous promener et nous allons faire du jogging.
A : D'accord. Tu te dépêches !

LEÇON 9

일상 표현하기 III

핵심 문법

1. 명령문
2. 중성대명사 y
3. 중성대명사 en
4. 무관사 명사
5. 동사

   3군 불규칙동사 attendre

   3군 불규칙동사 voir

핵심 문법

■ 명령문

명령문은 2인칭 단수 tu, 2인칭 복수 vous, 1인칭 복수 nous에서만 쓰이며 각각 '~해라, ~하세요, ~합시다'의 의미를 지닌다.

(1) 형태

	fermer 닫다	faire 하다	partir 떠나다
tu	ferme	fais	pars
nous	fermons	faisons	partons
vous	fermez	faites	partez

1) 평서문에서 주어를 생략한다.

2인칭 단수 tu의 명령문에서 동사의 어미가 –es인 경우에는 s를 생략한다.

ex) Regarde la tour Eiffel ! 에펠탑을 봐!

Entrez ! 들어오세요!

Partons tout de suite ! 당장 떠납시다!

2) aller 동사의 2인칭 단수 vas에서도 s를 생략한다.

ex) Tu vas à la bibliothèque. → Va à la bibliothèque ! 도서관에 가!

3) 부정 명령문은 동사 앞에 ne, 동사 뒤에 pas만 붙인다.

ex) Ne fumez pas ici ! 여기서 담배 피우지 마세요!

Ne faitez pas la cuisine ! 요리를 하지 마세요!

(2) 용법

1) 명령 또는 금지를 나타낸다.

ex) Ferme la porte ! 문을 닫으세요!

N'entrez pas dans ma chambre ! 내 방에 들어오지 마세요!

2) 충고 또는 바람을 나타낸다.

ex) Essayez la robe noire ! 검은색 원피스를 입어보세요!

Faites un bon voyage ! 좋은 여행 되십시오!

스피드 문제

■ 다음 문장을 긍정 명령문으로 바꿔보세요.

(1) Nous allons au restaurant français.

→

(2) Tu invites les amis.

→

(3) Vous achetez du fromage.

→

(4) Tu téléphones à Lucie.

→

(5) Vous faites du tennis.

→

■ 다음 문장을 부정명령문으로 바꿔보세요.

(1) Nous fermons la fenêtre.

→

(2) Tu te lèves tard.

→

(3) Vous achetez du pain.

→

(4) Tu habites avec ton amie.

→

■ 중성대명사 y

중성대명사 y는 '장소 전치사 à (sur, dans..) + 명사'를 대신하는 대명사이다.

(1) 형태

1) 중성대명사 y는 동사 앞에 놓인다. je와 y는 축약되어 j'y가 된다.

ex) A: Tu vas à l'école ? 너는 학교에 가니?

B: Oui, j'y vais. 응, 나는 거기에 가.

A: Ma montre est sur la table ? 내 시계가 테이블 위에 있습니까?

B: Oui, elle y est. 네. 그것은 거기에 있습니다.

2) 부정문은 중성대명사 y 앞에 ne, 동사 뒤에 pas를 붙인다.

ex) A: Elle est dans le jardin ? 그녀는 정원에 있습니까?

B: Non, elle n'y est pas. 아니요, 그녀는 거기에 없습니다.

(2) 용법

penser à 뒤에 사람이 오면 'penser à + 강세형 인칭대명사'를 써야한다.

ex) Je pense à ma voiture. → J'y pense. 나는 그것을 생각한다.

Je pense à ma mère. → Je pense à elle. 나는 그녀를 생각한다.

스피드 문제

■ 다음 밑줄 친 부분을 중성대명사 y로 바꿔보세요.

(1) Le chat est devant la porte.

→

(2) Nous pensons à nos examens.

→

(3) Elle achète les légumes au supermarché.

→

(4) Le cinéma est en face de la poste.

→

■ 다음 질문에 중성대명사 y를 사용하여 대답해보세요.

(1) Vous pensez à votre voiture ?

→ Oui,

(2) Tu vas à la gare de Séoul ?

→ Non,

(3) Elle travaille dans le café ?

→ Oui,

(4) Vous rentrez chez vous ?

→ Oui,

(5) Ils vont en France ?

→ Non,

■ 중성대명사 EN

중성대명사 en은 '부정관사 / 부분관사 + 명사', 'de + 명사'를 받는 대명사이다.

(1) 형태

1) 위치는 중성대명사 y처럼 동사 앞에 놓인다.

ex) A: Vous venez de la plage ? 당신은 해변에서 오셨습니까?

B: Oui, j'en viens. 네, 나는 거기서 왔습니다.

A: Tu as des pommes ? 너는 사과가 있니?

B: Oui, j'en ai. 응, 나는 그것이 있어.

A: Tu veux du café ? 너는 커피 원하니?

B: Oui, j'en veux. 응, 나는 그것을 원해.

2) 부정문은 중성대명사 en 앞에 ne, 동사 뒤에 pas를 붙인다.

ex) A: Elle a des crayons ? 그녀는 연필을 가지고 있습니까?

B: Non, elle n'en a pas. 아니요, 그녀는 그것이 없습니다.

(2) 용법

1) '숫자 + 명사'의 경우 명사는 en으로 받고 숫자는 문장 뒤에 붙여준다.

ex) A: Vous avez des enfants ? 당신은 아이가 있습니까?

B: Oui, j'en ai deux. 네, 저는 두 명 있어요.

2) parler de 뒤에 사람이 오면 'parler de + 강세형 인칭대명사'를 써야한다.

ex) Elle parle de son chien. → Elle en parle. 그녀는 그것에 대해 말한다.

Elle parle de son ami. → Elle parle de lui. 그녀는 그에 대해 말한다.

스피드 문제

■ 다음 질문에 중성대명사 en을 사용하여 긍정과 부정으로 대답해보세요.

(1) Vous avez des amis ?

→ Oui,

→ Non,

(2) As-tu du pain ?

→ Oui,

→ Non,

(3) Est-ce qu'elle a de l'argent ?

→ Oui,

→ Non,

(4) Vous voulez combien de pommes ?

→ Oui,

→ Non,

■ 다음 질문에 중성대명사 en을 사용하여 긍정과 부정으로 대답해보세요.

(1) Tu as besoin de mon aide ?

→ Oui,

→ Non,

(2) Vous sortez de la maison avec votre enfant ?

→ Oui,

→ Non,

(3) Elle rentre de vacances ?

→ Oui,

→ Non,

(4) Le métro part de la station Séoul à 9 heures ?

→ Oui,

→ Non,

(5) La banque est près de l'école ?

→ Oui,

→ Non,

■ 무관사 명사

'avoir + 무관사 명사'를 쓰는 경우는 다음과 같다.

(1) avoir + 명사

J'ai	chaud. faim. soif. peur. sommeil. raison. tort.	나는 덥다. 나는 배가 고프다. 나는 목이 마르다. 나는 무섭다. 나는 졸리다. 내가 옳다. 내가 틀리다.

(2) avoir mal à + 신체명사 : ~가 아프다

ex) J'ai mal à la tête. 나는 머리가 아프다.

J'ai mal au ventre. 나는 배가 아프다.

(3) avoir + besoin de ~ : ~이 필요하다

ex) J'ai besoin d'une voiture. 나는 자동차 한대가 필요하다.

Elle a besoin d'amis. 그녀는 친구들이 필요하다.

(4) avoir + envie de ~ : ~ 를 원한다

ex) J'ai envie d'un café. 나는 커피를 원한다.

Tu as envie de sortir. 너는 외출하고 싶어한다.

스피드 문제

■ 다음 문장을 프랑스어로 써보세요.

(1) 그는 목이 아프다. (목 : la gorge)

→

(2) 그녀는 프랑스어를 배우고 싶어한다. (배우다 : apprendre)

→

(3) 지금 나는 피곤하고 졸리다.

→

(4) 나는 배가 고프다. 그래서 빵이 필요하다.

→

■ 3군 불규칙동사 attendre

attendre 기다리다			
j' tu il/elle	attends attends attend	nous‿ vous‿ ils/elles‿	attendons attendez attendent

스피드 문제

■ 다음 ( ) 안에 알맞은 동사 변화를 넣어보세요.

(1) Le dîner vous ( ). 저녁이 준비되어 있다.

(2) Elle (   ) son ami devant la banque.

그녀는 은행 앞에서 그녀의 친구를 기다린다.

(3) Mes parents (   ) un taxi. 나의 부모님은 택시를 기다린다.

(4) (   )! 잠깐만요!

■ 3군 불규칙동사 voir

voir ~ 보다, 구경하다			
je tu il/elle	vois vois voit	nous vous ils/elles	voyons voyez voient

스피드 문제

■ 다음 문장을 프랑스어로 써보세요.

(1) 나는 폴을 영화관 앞에서 본다.

→

(2) 그녀는 에펠탑을 본다. (에펠탑 : la tour Eiffel)

→

(3) 우리는 사장을 만나고 싶다. (사장 : le directeur)

→

대화문 듣기

상황 1

Christine : J'ai chaud et j'ai soif.

Minsou : Regarde ! Il y a un café là-bas.

Christine : Où ? Je ne le vois pas.

Minsou : A côté de la poste ! Ah regarde, ton amie Sylvie, elle y est !

Christine : Ah bon !

[dans le café]

Christine : Salut, Sylvie. Qu'est-ce que tu fais ici ?

Sylvie : J'attends mon ami. Et toi, tu viens au café avec ton ami ?

Christine : Oui, j'y viens avec mon ami Minsou. Bonne journée !

Sylvie : Toi aussi.

[...]

Christine : Qu'est-ce que tu veux prendre ?

Minsou : Je prends du coca. Et toi ?

Christine : Moi, un jus d'orange.

Minsou : Ah, je prends un sandwich. J'ai faim. Tu en veux ?

Christine : Non merci, je n'en veux pas. Je n'ai pas faim.

상황 2

Serveur : Bonjour, mademoiselle. Qu'est-ce que vous prenez ?

Somi : Comme entrée, une salade de tomates et comme plat principal, un steak s'il vous plaît.

Serveur : Et comme boisson ? vin rouge ou vin blanc ?

Somi : Non, seulement une carafe d'eau, s'il vous plaît.

Serveur : Très bien.

[Après le repas]

Serveur : Voulez-vous du café ?

Somi : Oui, j'en veux avec du sucre s'il vous plaît.

Serveur : Entendu, mademoiselle.

대화문 읽기

주어진 단어장을 참고하여 대화문을 해석해보세요.

상황 1

단어장

avoir chaud 덥다	près de ~가까이에
avoir soif 목마르다	poste f. 우체국
là-bas 저기에	coca 콜라
voir 보다	jus d'orange m. 오렌지주스
attendre 기다리다	sandwich m. 샌드위치
venir 오다	avoir faim 배고프다

Christine : J'ai chaud et j'ai soif.

[ ]

Minsou : Regarde ! Il y a un café là-bas.

[ ]

Christine : Où ? Je ne le vois pas.

[ ]

Minsou : A côté de la poste ! Ah regarde, ton amie Sylvie, elle y est !

[ ]

Christine : Ah bon !

[ ]

[dans le café]

Christine : Salut, Sylvie. Qu'est-ce que tu fais ici ?

[ ]

Sylvie : J'attends mon ami. Et toi, tu viens au café avec ton ami ?

[ ]

Christine : Oui, j'y viens avec mon ami Minsou. Bonne journée !

[ ]

Sylvie : Toi aussi.
[ ]

[...]

Christine : Qu'est-ce que tu veux prendre ?
[ ]

Minsou : Je prends du coca. Et toi ?
[ ]

Christine : Moi, un jus d'orange.
[ ]

Minsou : Ah, je prends un sandwich. J'ai faim. Tu en veux ?
[ ]

Christine : Non merci, je n'en veux pas. Je n'ai pas faim.
[ ]

상황 2

단어장

mademoiselle 아가씨	boisson f. 음료
tenir 고정시키다	vin rouge m. 적포도주(레드와인)
comme ~로서	vin blanc m. 백포도주(화이트와인)
entrée f. 전채 요리	seulement 오직
salade de tomates f. 토마토 샐러드	carafe d'eau f. 물 한 병
plat principal m. 메인 요리	Entendu ! 알겠어요!
steak m. 스테이크	

Serveur : Bonjour, mademoiselle. Qu'est-ce que vous prenez ?
[ ]

Somi : Comme entrée, une salade de tomates et comme plat principal, un steak s'il vous plaît.
[ ]

Serveur : Et comme boisson ? Vin rouge ou vin blanc ?
[ ]
Somi : Non, seulement une carafe d'eau s'il vous plaît.
[ ]
Serveur : Très bien.
[ ]

[Après le repas]
Serveur : Voulez-vous du café ?
[ ]
Somi : Oui, j'en veux avec du sucre s'il vous plaît.
[ ]
Serveur : Entendu, mademoiselle.
[ ]

프랑스어 쓰기

주어진 단어장을 참고하여 다음 글을 프랑스어로 써보세요.

단어장

il y a ~가 있다	justement 바로, 마침
tout de suite 곧장	passer 지나가다
prendre 마시다	crier 소리치다
coca m. 콜라	venir 오다
sandwich m. 샌드위치	ici 여기(에)
commander 주문하다	bavarder 수다떨다

① 지금 시간은 1시 30분이다. 나는 덥고 배가 아주 고프다.

② 나는 커피숍이나 레스토랑에 가고 싶다.

③ 영화관 옆에 커피숍이 있다.

④ 나는 곧장 그곳에 간다.

⑤ 나는 샌드위치와 함께 콜라가 먹고 싶다.

⑥ 나는 그것을 주문한다.

⑦ 바로 그 때, 내 친구가 커피숍 앞을 지나간다.

⑧ 나는 소리친다. "날이 더워. 이곳으로 와"

⑨ 내 친구는 나와 함께 수다떠는 것을 좋아한다.

①

②

③

④

⑤

⑥

⑦

⑧

⑨

프랑스어 말하기

밑줄 친 부분에 들어갈 문장을 <보기>에서 찾아 보고, 친구와 대화를 나눠보세요.
그리고 원어민 녹음을 듣고 따라해보세요

<보기>

① Allez, prends-en.
② Tiens la carte, choisis le plat que tu aimes.
③ Oui, j'en veux bien.
④ Moi, je prends le plat du jour. Et toi ?

A : Aujourd'hui, c'est ton anniversaire. Je t'invite au restaurant français.
B : C'est gentil.

[dans le restaurant français.]
A : ....
B : D'accord.
A : ....
B : Moi, je prends de la salade comme entrée et le rôti de poulet comme plat principal.
A : C'est très bien. Tu veux du vin ?
B : .... Et toi ?
A : Moi, je n'aime pas le vin. Je prends de l'eau.

[après le repas]
A : Tu veux un dessert ?
B : Non merci.
A : .... La glace, c'est délicieux.
B : D'accord.

LEÇON 10

물건사기와 수량 표현하기

핵심 문법

1. 비교급
2. 2군 규칙동사
3. 지시형용사
4. 수량 표현

핵심 문법

■ 비교급

비교급은 정도의 높고 낮음에 따라 우등비교, 열등비교, 동등비교로 나뉜다.

(1) 형용사와 부사의 비교급

우등비교	plus + 형용사/부사 + que	~보다 더 ~하다
열등비교	moins + 형용사/부사 + que	~보다 덜 ~하다
동등비교	aussi + 형용사/부사 + que (부정문일 때는 si~que 사용)	~만큼 ~하다

ex) Mon frère est plus grand que moi. 내 남동생은 나보다 키가 크다.
Je suis moins grosse que mon amie. 나는 내 친구보다 뚱뚱하지 않다.
Je vais au cinéma aussi souvent que Marie. 나는 마리만큼 영화관에 자주 간다.
Elle marche plus vite que Jean. 그녀는 장보다 더 빨리 걷는다.

(2) 명사의 비교급

우등비교	plus de + 명사 + que	~보다 더 ~하다
열등비교	moins de + 명사 + que	~보다 덜 ~하다
동등비교	autant de + 명사 + que	~만큼 ~하다

☞ plus, moins, autant 다음에는 바로 명사가 올수 없으며, 반드시 전치사 de를 동반해야 한다. de 다음에는 무관사 명사를 쓴다.

ex) J'ai plus de jupes que Sophie. 나는 소피보다 치마가 더 많다.

Nous avons moins d'eau que lui. 우리는 그보다 물이 적다.

Alain a autant de chapeaux que nous. 알랭은 우리만큼 모자를 가지고 있다.

(3) 주의해야 할 형용사와 부사의 비교급

	원급	비교급
형용사	bon(ne)	meilleur(e)(s)
부사	bien	mieux

ex) Ce gâteau-ci est meilleur que ce gâteau-là. 이 케이크가 저 케이크보다 더 좋다.

Il chante mieux que moi. 그는 나보다 노래를 더 잘 부른다.

스피드 문제

■ 다음 ( ) 안에 알맞은 비교급을 넣어보세요.

(1) La cuisine française est ( ) que la cuisine allemande.

프랑스 요리는 독일 요리보다 더 좋다.

(2) Elle danse ( ) qu'Anne.

그녀는 안나보다 춤을 더 잘 춘다.

(3) Le train est ( ) rapide que l'avion.

기차는 비행기보다 덜 빠르다.

(4) J'ai ( ) voitures que Julie.

나는 줄리만큼 차를 가지고 있다.

(5) En Corée, il fait ( ) chaud qu'en France.

한국은 프랑스보다 더 덥다.

■ 2군 규칙동사

2군 규칙동사는 동사의 어미가 –ir로 끝나는 동사로 1군 규칙동사처럼 규칙적인 변화를 한다.

(1) 형태

동사 어미 –ir을 없애고 그 자리에 인칭에 따라 다음과 같은 어미를 붙인다.

je	-is	nous	-issons
tu	-is	vous	-issez
il/elle	-it	ils/elles	-issent

☞ 3인칭 복수의 어미 -ent 는 발음하지 않는다.

	finir 끝내다	choisir 선택하다	réussir 성공하다
je(j')	finis	choisis	réussis
tu	finis	choisis	réussis
il/elle	finit	choisit	réussit
nous	finissons	choisissons	réussissons
vous	finissez	choisissez	réussissez
ils/elles	finissent	choisissent	réussissent

ex) Elle finit ses devoirs. 그녀는 그녀의 숙제를 끝낸다.

Je choisis des belles fleurs pour ma mère. 나는 어머니를 위해 예쁜 꽃을 고른다.

Nous réussissons l'examen final. 우리는 기말고사에 합격했어요.

(2) 용법

1) 형용사에서 파생된 동사는 주로 2군 규칙동사이다. 여성형용사에 –ir을 붙여 2군 동사를 만든다.

남성 형용사	여성형용사	2군 규칙동사
grand 큰	grande	grandir 자라다
gros (신체가) 뚱뚱한	grosse	grossir 살찌다
vieux 늙은, 낡은	vieille	vieillir 늙다
maigre 마른	maigre	maigrir 야위다

ex) Il grandit vite. 그는 빨리 자란다.

2) 동사원형이 –ir로 끝난 동사라도 2군 동사가 아닌 것도 있다.

3군 불규칙 동사			
partir	떠나다	offrir	제공하다
sortir	나가다	découvrir	발견하다
dormir	자다	ouvrir	열다

ex) Nous sortons tous les soirs. 우리는 저녁마다 나간다.

스피드 문제

■ 다음 ( ) 안에 알맞은 동사변화를 넣어보세요.

(1) Ils ( ) leurs devoirs ce soir. → finir

(2) Mon père et ma mère ( ) une maison pendant 1 an. → bâtir

(3) Mon professeur ( ) toujours. → réfléchir

(4) Vous ( ) votre dîner jusqu'à 9 heures. → finir

(5) Elle ( ) un pantalon rouge dans le magasin. → choisir

■ 다음 주어진 단어들을 가지고 문장을 만들어 보세요.

(1) qu'est-ce que, choisir, elle (의문문으로)

→

(2) chaque année, grandir, bien, les arbres

→

(3) le cours, finir tard, aujourd'hui, mon professeur

→

(4) sa proposition, réfléchir à, nous

→

■ 지시형용사

지시형용사는 '이, 그, 저'의 의미로 지시된 사람이나 사물을 가리키는 형용사이다.

(1) 형태

수식하는 명사의 성과 수에 따라 다음과 같이 사용한다.

남성단수	여성단수	남성 여성 복수
ce (cet)	cette	ces

▶ 모음이나 무음 h로 시작하는 남성단수명사 앞에서 ce는 cet로 바뀐다.

ex) ce arbre → cet arbre m 이 나무, ce homme → cet homme 저 남자

ce ordinateur → cet ordinateur 이 컴퓨터

(2) 용법

1) 공간 속에 있는 대상을 가리킬 때 사용된다.

ex) Ce chat est mignon. 이 고양이는 귀엽다.

Je veux prendre cette robe. 나는 저 원피스를 사고 싶다.

Ces garçons sont gentils. 이 소년들은 친절하다.

2) 시간을 나타내는 일부 표현에서도 사용된다.

ce matin	오늘 아침	cette semaine	이번 주
cet après-midi	오늘 오후	ce mois	이번 달
ce soir	오늘 저녁	cette année	올해

ex) Ce matin, je me lève tôt. 오늘 아침, 나는 일찍 일어난다.

Je vais rencontrer mon ami cet après-midi. 나는 오늘 오후 내 친구를 만날 것이다.

Vous êtes libre ce soir ? 오늘 저녁 시간 있으세요?

3) 함께 쓰인 명사 뒤에 ci나 là로 연결하여 가까운 것과 먼 것을 표현한다.

ex) Ce cahier-ci est à moi. 이 공책은 내 것이다.

Je veux prendre cette omelette-là. 나는 이 오믈렛을 먹고 싶다.

Mes parents regardent toujours ces photos-ci.

내 부모님들은 이 사진들을 항상 바라보신다.

스피드 문제

■ ( ) 안에 알맞은 지시형용사를 넣어보세요.

(1) (   ) oignons sont gros.

(2) Elles veulent lire (   ) livre.

(3) Elle vient d'acheter (   ) maison.

(4) (   ) acteur est célèbre.

(5) Elle porte toujours (   ) chaussures.

■ 다음 (   ) 안에 지시형용사를 넣어보세요.

(1) A: Tu arrives quand ?

B: (   ) soir.

(2) (   ) matin, tu as cours ?

(3) Qu'est-ce que tu fais (   ) week-end ?

(4) A: Quand partez-vous en France ?

B: (   ) année.

(5) (   ) après-midi, le magasin est fermé.

■ 수량 표현

(1) 수사 + 척도단위명사 + de ~

un kilo de ~	1킬로의 ~	Ma mère achète un kilo de pommes. 나의 어머니는 사과 1킬로를 산다.
un gramme de ~	1그램의 ~	Vous voulez deux cents grammes de fraises ? 당신은 200그램의 딸기를 원하십니까?
un litre de ~	1리터의 ~	Je te donne deux litres de lait. 나는 너에게 2리터의 우유를 준다.

(2) 수사 + 단위 명사 + de ~

un paquet de ~	한 상자의 ~	Je prends trois paquets de biscuits. 나는 3상자의 비스켓을 산다.

une tanche de ~	한 조각의 ~ (음식의 얇은 조각)	Je vais acheter deux tranches de jambon. 나는 2조각의 햄을 살 것이다.
un morceau de ~	한 조각의 ~ (음식물의 한입거리)	Il me faut trois morceaux de fromage. 나는 3조각의 치즈가 필요하다.
un pot de ~	한 단지의 ~	Elle mange un pot de miel. 그녀는 꿀 한 단지를 먹는다.
une bouteille de ~	한 병의 ~	Je vais prendre une bouteille d'huile. 나는 기름 한 병을 살 것이다.

스피드 문제

■ 다음 주어진 단어들을 가지고 문장을 만들어 보세요.

(1) 3 kilos de, vouloir, pommes de terre, je

→

(2) 2 paquets de, acheter, lessive, ma mère (근접과거로)

→

(3) 4 morceaux de, prendre, viande, elle (근접미래로)

→

(4) 2 bouteilles de, pouvoir boire, jus d'orange, vous

→

대화문 듣기

상황 1

Martin : Ce matin, il y a le marché. On y va ensemble.

Somi : D'accord.

[au marché]

Martin : Aujourd'hui, les oranges sont bonnes.

Somi : Les fraises sont meilleures que les oranges.

Martin : Entendu. Un kilo de fraises, s'il vous plaît.

Vendeur : Oui, et avec ça ?

Somi : On doit acheter des pommes.

Martin : D'accord. Choisis des pommes bien grosses.

Somi : Oui [...] C'est combien, les pommes ?

Vendeur : Deux euros vingt le kilo.

Martin : D'accord, ça me va. Je prends aussi un melon, s'il vous plaît.

상황 2

Martine : Regarde ! Cette jupe est très jolie.

Somi : Je trouve que non.

Martine : Ah bon !

Somi : Choisis plutôt un pantalon. Est-ce que tu peux essayer ce pantalon noir ?

Martine : D'accord.

[plus tard]

Somi : Ce pantalon te va très bien.

Martine : C'est vrai ? Bon, je vais le prendre. C'est combien, s'il vous plaît ?

Vendeur : C'est trente euros.

Martine : Ce n'est pas cher.

Vendeur : Il est moins cher que les autres pantalons.

대화문 읽기

주어진 단어장을 참고하여 대화문을 해석해보세요.

상황 1

단어장

ce matin 오늘 아침 il y a ~이 있다 marché m. 시장 avoir lieu 개최되다 ensemble 함께 orange f. 오렌지	fraise f. 딸기 Et avec ça ? 그리고 또 뭐가 필요하신가요 ? gros(se) 굵은 le kilo 1킬로그램에 melon m. 멜론

Martin : Ce matin, il y a le marché. On y va ensemble.

[ ]

Somi : D'accord.

[ ]

[au marché]

Martin : Aujourd'hui, les oranges sont bonnes.

[ ]

Somi : Les fraises sont meilleures que les oranges.

[ ]

Martin : Entendu. Un kilo de fraises, s'il vous plaît.

[ ]

Vendeur : Oui, et avec ça ?

[ ]

Somi : On doit acheter des pommes.

[ ]

Martin : D'accord. Choisis des pommes bien grosses.

[ ]

Somi : Oui [...] C'est combien, les pommes ?
[ ]
Vendeur : Deux euros vingt le kilo.
[ ]
Martin : D'accord, ça me va. Je prends aussi un melon, s'il vous plaît.
[ ]

상황 2

단어장

jupe f. 치마	noir(e) 검은
joli(e) 예쁜	un peu plus tard 조금 후에
Je trouve que non. 나는 그렇게 생각하지 않아.	aller à qn ~에게 어울리다
plutôt 오히려	C'est combien ? 얼마에요?
pantalon m. 바지	Ce n'est pas cher. 비싸지 않다.
essayer (맞는지) 입어보다	autre 다른

Martine : Regarde ! Cette jupe est très jolie.
[ ]
Somi : Je trouve que non.
[ ]
Martine : Ah bon !
[ ]
Somi : Choisis plutôt un pantalon. Est-ce que tu peux essayer ce pantalon noir ?
[ ]
Martine : D'accord.
[ ]

[un peu plus tard]
Somi : Ce pantalon te va très bien.

[ ]

Martine : C'est vrai ? Bon, je vais le prendre. C'est combien, s'il vous plaît. ?

[ ]

Vendeur : C'est trente euros.

[ ]

Martine : Ce n'est pas cher.

[ ]

Vendeur : Il est moins cher que les autres pantalons.

[ ]

프랑스어 쓰기

주어진 단어장을 참고하여 다음 글을 프랑스어로 써보세요.

단어장

t-shirt m. 티셔츠	dire 말하다
alors 그래서	aller à qn ~에게 어울리다
magasin de vêtements m. 옷가게	bleu(e) 파란색의
jaune 노란색의	cher 비싼
montrer 보여주다	coûter 값이 ~이다

① 나는 티셔츠 하나를 사고 싶다.

② 그래서 나는 친구와 옷 가게에 간다.

③ 나는 노란색 티셔츠를 고른다.

④ 나는 그것을 친구에게 보여준다.

⑤ 내 친구는 나에게 말한다 : "그 티셔츠는 너에게 어울리지 않아"

⑥ 내 친구는 나를 위해 파란색 티서츠를 고른다.

⑦ 그 티셔츠는 노란색 티셔츠보다 싸다.

⑧ 그 티셔츠는 10유로이다

①

②

③

④

⑤

⑥

⑦

⑧

프랑스어 말하기

밑줄 친 부분에 들어갈 문장을 <보기>에서 찾아 보고, 친구와 대화를 나눠보세요.
그리고 원어민 녹음을 듣고 따라해보세요.

<보기>

① Non, je n'aime pas le noir.
② Choisis plutôt un pantalon.
③ tu préfères la robe au pantalon ?
④ J'ai besoin d'une robe.

A : Aujourd'hui, je suis libre. Je peux t'accompagner dans un magasin de vêtements.
B : Merci. C'est gentil.
A : Qu'est-ce que tu veux acheter ?
B : ....

[dans un magasin de vêtements]

A : Cette robe noire est très jolie. Qu'est-ce que tu en penses ?
B : ....
A : Quelle couleur aimes-tu ?
B : J'aime le rouge.
A : Ah. Là-bas, il y a une robe rouge. Mais, elle est plus petite que cette robe noire.
B : C'est vrai.
A : ....
B : Je ne porte pas souvent un pantalon.
A : Ah bon, ...
B : Oui, c'est ça.

LEÇON 11

미래계획 또는 할 일 표현하기

핵심 문법

1. 단순미래
2. 전치사 en / à : 교통수단표현
3. 동사
   - 1군 규칙동사 변칙형 voyager
   - 3군 불규칙 동사 savoir

핵심 문법

■ 단순미래

단순미래는 화자가 말을 하는 시점과 단절이 있는 미래 행위나 계획 또는 상태를 나타낼 때 사용한다.

(1) 형태

미래시제는 동사 원형을 어간으로 하여 미래형 어미를 붙여 만든다.

동사원형 + 미래형 어미

1) 미래형 어미는 주어의 인칭과 수에 따라 다음과 같이 변화한다.

je	-ai	nous	-ons
tu	-as	vous	-ez
il/elle	-a	ils/elles	-ent

	arriver 도착하다	choisir 고르다	sortir 나가다	attendre 기다리다
je(j')	arriverai	choisirai	sortirai	attendrai
tu	arriveras	choisiras	sortiras	attendras
il/elle	arrivera	choisira	sortira	attendra
nous	arriverons	choisirons	sortirons	attendrons
vous	arriverez	choisirez	sortirez	attendrez
ils/elles	arriveront	choisiront	sortiront	attendront

▶ 1군 동사원형의 –er에서 –e는 발음하지 않고, r은 미래형어미와 결합하여 발음한다.

▶ 2군 동사원형은 모두 다 발음한다.

▶ 동사원형의 어미가 –re 로 끝나는 3군 불규칙 동사는 마지막 –e를 탈락 시킨다.

2) 미래형의 어간이 완전히 달라지는 불규칙 변화형도 있다.

être	je serai	savoir	je saurai
avoir	j'aurai	aller	j'irai
faire	je ferai	venir	je viendrai
voir	je verrai	devoir	je devrai
pouvoir	je pourrai	vouloir	je voudrai

(2) 용법

1) 미래에 이루어질 행위나 상태를 표현한다.

ex) Je t'appellerai dimanche matin. 일요일 아침 너에게 전화할게.

Elle sortira du bureau à 5 heures. 그녀는 5시에 사무실을 나온다.

2) 어조를 완화할 때 사용한다.

ex) Vous fermerez la porte. 문을 닫아주시겠어요.

Tu me ramèneras un jus d'orange. 내게 오렌지 주스 한잔을 갖다줄래.

스피드 문제

■ 다음 문장을 단순미래로 바꿔보세요.

(1) Il a 20 ans.

→

(2) Je me promène avec mon chien.

→

(3) Elle vient de l'école.

→

(4) Mon père met le chapeau noir.

→

(5) Vous faites du sport avec vos amis.

→

(6) Nous sommes libres.

→

■ 다음 주어진 단어들을 가지고 미래형 문장을 만들어 보세요.

(1) dans un mois, aller, en France, elle

→

(2) demain, venir, de Paris, Paul et Julie

→

(3) cet été, partir, en vacances, tu (의문문으로)

→

(4) en avril, voir, son ami, en Italie, elle

→

(5) dans 5 jours, écrire à, mes parents, une lettre, je

→

■ 전치사 en / à : 교통수단 표현

en + 비를 피할 수 있는 교통수단		à + 비를 피할 수 없는 교통수단	
en autobus	버스로	à cheval	말을 타고
en avion	비행기로	à pied	걸어서, 도보로
en bateau	배로	à vélo	자전거로
en métro	지하철로		
en taxi	택시로		
en train	기차로		
en voiture	자동차로		

ex) Je vais à l'école à pied. 나는 걸어서 학교에 간다.

Nous allons à Paris en avion. 우리는 비행기로 파리에 간다.

스피드 문제

■ 다음 ( ) 안에 해당하는 전치사를 넣어보세요.

(1) Je vais en Italie (　　　　) bateau.

(2) Ils sont allés à Paris (　　　　) avion.

(3) Vous venez ici (　　　　) pied ?

(4) Ce matin, je vais aller à l'école (　　　　) métro.

■ 다음 문장을 프랑스어로 써보세요.

(1) 나와 내 동생은 걸어서 집에 간다.

→

(2) 그녀는 매일 버스로 학교에 간다.

→

(3) 나는 내일 자동차로 리옹역에 갈 것이다. (리옹역 : la gare de Lyon)

→

(4) 지하철로 한 시간이 걸린다. ((시간)이 걸리다 : ça prend~)

→

■ 1군 규칙동사 변칙형 voyager

voyager 여행하다			
je tu il/elle	voyage voyages voyage	nous vous ils/elles	voyageons voyagez voyagent

스피드 문제

■ 다음 문장을 프랑스어로 써보세요.

(1) 나는 이번 주에 여행한다.

→

(2) 우리는 프랑스로 여행하지 않는다.

→

(3) 그녀들은 작은 가방들을 가지고 여행한다. (가방 : un sac)

→

(4) 내 여동생은 혼자서 여행하지 않는다. (혼자서 : toute seule)

→

■ 3군 불규칙 동사 savoir

savoir 알다			
je tu il/elle	sais sais sait	nous vous ils/elles	savons savez savent

스피드 문제

■ 다음 문장을 프랑스어로 써보세요.

(1) 나는 프랑스어를 할 줄 안다. (~할 줄 알다 : savoir +동사원형)

→

(2) 나는 모른다.

→

대화문 듣기

상황 1

Luc : Qu'est-ce que tu vas faire pendant les vacances d'été ?

Somi : Moi, j'irai chez ma copine. J'y resterai pendant une semaine.

Luc : Super ! Et après ?

Somi : Ma famille viendra me voir à Paris. Et nous voyagerons ensemble en Europe.

Luc : Wow, c'est très bien. Comment vous voyagerez ?

Somi : En train. Et toi, tu ne partiras pas en voyage ?

Luc : Je ne sais pas encore.

상황 2

Luc : Qu'est-ce que tu feras ce week-end ?

Somi : Pourquoi ?

Luc : Je te propose de venir chez mes grands-parents avec moi.

Somi : C'est dommage. Je vais devoir aller à la bibliothèque pour finir mes devoirs. Tes grands-parents, ils habitent où ?

Luc : Ils habitent à Lyon.

Somi : Comment tu y vas ?

Luc : J'y vais en voiture.

Somi : La prochaine fois, je t'accompagnerai.

대화문 읽기

주어진 단어장을 참고하여 대화문을 해석해보세요.

상황 1

단어장

les vacances d'été 여름방학 copine 여자친구 rester 머무르다 pendant ~동안 semaine 주	Super ! 멋지다 ! en Europe 유럽에(서) partir en voyage 여행 떠나다 savoir 알다

Luc : Qu'est-ce que tu vas faire pendant les vacances d'été ?

[ ]

Somi : Moi, j'irai chez ma copine. J'y resterai pendant une semaine.

[ ]

Luc : Super ! Et après ?

[ ]

Somi : Ma famille viendra me voir à Paris. Et nous voyagerons ensemble en Europe.

[ ]

Luc : Wow, c'est très bien. Comment vous voyagerez ?

[ ]

Somi : En train. Et toi, tu ne partiras pas en voyage ?

[ ]

Luc : Je ne sais pas encore.

[ ]

상황 2

단어장

week-end m. 주말 pourquoi 왜 proposer 제안하다 grands-parents 조부모님 C'est dommage ! 유감이야! bibliothèque f. 도서관	finir 끝내다 devoir m. 숙제 en voiture 자동차로 À la prochaine fois ! 다음에 보자! accompagner 동반하다

Luc : Qu'est-ce que tu feras ce week-end ?

[ ]

Somi : Pourquoi ?

[ ]

Luc : Je te propose de venir chez mes grands-parents avec moi.

[ ]

Somi : C'est dommage.

[ ]

Je vais devoir aller à la bibliothèque pour finir mes devoirs.

[ ]

Tes grands-parents, ils habitent où ?

[ ]

Luc : Ils habitent à Lyon.

[ ]

Somi : Comment tu y vas ?

[ ]

Luc : J'y vais en voiture.

[ ]

Somi : La prochaine fois, je t'accompagnerai.

[ ]

프랑스어 쓰기

주어진 단어장을 참고하여 다음 글을 프랑스어로 써보세요.

단어장

demander 요구하다 l'année prochaine 내년 répondre 대답하다 étudier 공부하다 pendant ~동안 1 an 1년 retourner 다시 돌아오다 parler de ~에 관해 말하다	projet m. 계획 d'abord 우선 tout(e) seul(e) 혼자서 en Europe 유럽에 parents 부모님 voyage m. 여행 cadeau m. 선물

① 나는 내 친구에게 묻는다. : "내년에 너는 무엇을 할 거니?"

② 내 친구는 내게 대답한다.

③ "나는 내년에 프랑스로 갈 거야. 나는 프랑스어를 거기에서 1년 동안 공부할 거야.

④ 그리고 한국에 다시 돌아올거야."

⑤ 나는 내 친구에게 내 계획을 말한다.

⑥ "나는 내년에 여행을 할 거야. 먼저 일본과 중국은 혼자서 여행할 것이고, 그 후에 부모님과 유럽을 여행할거야."

⑦ 유럽 여행, 그것은 부모님을 위한 나의 선물이다. 내년에 나의 아버지는 60살이 된다.

①

②

③

④

⑤

⑥

⑦

프랑스어 말하기

밑줄 친 부분에 들어갈 문장을 <보기>에서 찾아 보고, 친구와 대화를 나눠보세요.
그리고 원어민 녹음을 듣고 따라해 보세요.

<보기>

① J'y nagerai avec mes amis.
② Je vais au magasin pour acheter un maillot de bain.
③ J'y resterai pendant deux semaines.
④ qu'est-ce que tu feras pendant les vacances d'été ?
⑤ Ils habitent à la campagne.

A : Bonjour ! Ça va bien ?
B : Oui, ça va très bien. Où vas-tu ?
A : ....
B : Pourquoi ?
A : J'irai à Nice pendant les vacances d'été. ....
B : Super ! Tu resteras combien de temps là-bas ?
A : .... Et après je partirai à Paris pour suivre un cours de français.
B : C'est très bien.
A : Et toi, ...
B : Je retournerai chez mes parents et j'y resterai.
A : Ah bon. Où habitent-ils ?
B : .... Je me promènerai et je lirai tranquillement.
A : C'est une bonne idée.

LEÇON 12

과거에 했던 일 표현하기

핵심 문법

1. 복합과거
2. 수량표현 : 수량부사 + de ~

핵심 문법

■ 복합과거

복합과거는 '조동사 + 과거분사'의 형태를 취하고, 과거에 완료된 행위나 사건 등을 표현한다.

(1) 형태

avoir / être + 본동사의 과거분사

1) 과거분사 만들기

동사	과거분사 형태	예시
1군 규칙동사	동사원형에서 어미 -er 을 없애고 동사어간에다 é를 붙여준다.	inviter → invité habiter → habité
2군 규칙동사	동사원형에서 어미 –i로 끝나게 한다.	choisir → choisi grossir → grossi
3군 불규칙동사	동사에 따라 –i, -s, -t, -u 등의 다양한 형태의 어미를 붙여준다. 따라서 3군 불규칙동사의 과거분사는 동사변화표를 보고 따로 암기해야 한다.	être → été avoir → eu faire → fait prendre → pris sortir → sorti

ex) J'ai travaillé à Paris. 나는 파리에서 일했었다.

Elle a choisi une salade comme entrée. 그녀는 전채요리로 샐러드를 선택했다.

Il est allé au cinéma hier. 그는 어제 영화관에 갔었다.

2) 부정문 만들기

ne와 pas를 조동사의 앞과 뒤에 놓는다.

ex) Je n'ai pas fini mes devoirs. 나는 내 숙제를 끝내지 못했다.

Ils ne sont pas partis en France. 그들은 프랑스로 떠나지 않았다.

3) 의문문 만들기

▶ 문장의 끝을 올려주어 의문문을 만든다.

ex) Vous avez pris du café ? ↗ 당신은 커피 마셨나요?

▶ 의문형태소 est-ce que를 문두에 넣어 의문문을 만든다.

ex) Est-ce que vous avez pris du café ?

▶ 주어와 동사를 도치하여 의문문을 만든다. 이때 주어와 조동사만 도치한다.

ex) Avez-vous pris du café ?

(2) 용법

1) avoir + 과거분사

모든 타동사와 대부분의 자동사 그리고 비인칭 동사는 avoir를 조동사로 취한다.

ex) J'ai pris le petit-déjeuner à 8 heures. 나는 8시에 이침식사를 했다.

Nous avons bâti une jolie maison. 우리는 예쁜 집을 지었다.

Ils ont fait du sport. 그들은 운동을 하였다.

2) être + 과거분사

동사 중 주로 장소의 이동 또는 상태의 변화를 나타내는 동사와 대명동사는 être를 조동사로 취한다. 이때 과거분사는 주어의 성과 수에 일치시킨다.

ex) Elle est sortie hier avec ses amis. 그녀는 그녀의 친구들과 어제 외출하였다.

Ils sont rentrés tard hier. 그들은 어제 늦게 들어왔다.

Elle s'est déjà couchée. 그녀는 벌써 잠자리에 들었다.

3) 장소의 이동이나 상태의 변화를 나타내는 자동사로 자주 사용하는 동사 15개를 나열하면 다음과 같다.

naître(né), aller(allé), monter(monté), entrer(entré), sortir(sorti), arriver(arrivé) rester(resté), tourner(tourné), venir(venu), passer(passé), partir(parti), descendre(descendu), tomber(tombé), mourir(mort), devenir(devenu)

스피드 문제

■ 다음 문장을 복합과거로 써보세요.

(1) Mme. Dupont a un chien.

→

(2) Elle est à Berlin.

→

(3) Nous attendons Paul devant le cinéma.

→

(4) Nous finissons notre cours.

→

(5) Mon grand-père lit une lettre.

→

(6) Vous buvez du coca.

→

(7) Il neige beaucoup.

→

(8) Je fais du gâteau.

→

■ 다음 문장을 복합과거로 바꿔보세요.

(1) Il devient un chanteur célèbre.

→

(2) Elle vient de France.

→

(3) Nous partons en voyage.

→

(4) Je vais à la banque.

→

(5) Elle arrive à l'hôtel.

→

(6) Ils se promènent au parc.

→

(7) Elle se lave les mains.

→

(8) Je monte par l'escalier.

→

■ 수량 표현 : 수량 부사 + de ~

beaucoup de ~	많은, 다수의	J'ai beaucoup d'amis. 나는 친구가 많다.
peu de ~	약간의, 조금의	Il y a peu de livres dans la bibliothèque. 도서관에 약간의 책이 있다.
assez de ~	충분한, 상당히 많은	Vous avez assez de pain. 당신은 빵이 충분히 있다.
trop de ~	과도한, 지나치게 많은	Elle achète trop de légumes. 그녀는 야채를 너무 많이 산다.

스피드 문제

■ 다음 주어진 단어들을 가지고 문장을 만들어 보세요.

(1) beaucoup de, avoir, jupe, Sylvie 실비는 치마가 많이 있다.

→

(2) trop de, il y a, touriste 너무 많은 관광객들이 있다.

→

(3) assez de, avoir, viande, vous 당신은 고기를 충분히 가지고 있습니까?

→ (의문문 형태로)

(4) peu de, avoir, amis, il 그는 친구가 별로 없다.

→ (복합과거 형태로)

대화문 듣기

상황 1

Luc : Ça va bien ?

Somi : Oui, bien merci.

Luc : Est-ce que tu as passé de bonnes vacances d'hiver en Corée?

Somi : Oui, j'ai rencontré beaucoup d'amis et je suis allée à la mer avec eux.

Luc : Super !

Somi : Et toi, qu'est-ce que tu as fait pendant les vacances ?

Luc : J'ai travaillé dans un café en semaine, et le week-end, soit je suis sorti avec mes amis, soit j'ai invité mes amis chez moi. On a préparé ensemble la cuisine et on a regardé des films à la télé.

Somi : Ce week-end, tu es libre ? Je t'invite chez moi.

Luc : Avec plaisir ! Je suis libre.

상황 2

Luc : Bonjour ! Tu as l'air en forme aujourd'hui !

Somi : Oui, je ne suis pas fatiguée. Et toi ?

Luc : Ça va bien. Qu'est-ce que tu as fait hier ?

Somi : Je suis allée dans un restaurant avec ma copine.

Luc : Qu'est-ce que vous avez pris ?

Somi : Nous avons pris des spaghettis avec une pizza. Et toi ?

Luc : Moi, j'ai étudié toute la journée. La semaine prochaine, j'ai un examen.

Somi : Je veux t'inviter ce soir dans ce restaurant. C'est possible ?

Luc : Oui, bien sûr.

대화문 읽기

주어진 단어장을 참고하여 대화문을 해석해보세요.

상황 1

단어장

vacances d'hiver 겨울방학	sortir 나가다
mer f. 바다	inviter 초대하다
pendant 동안	préparer 준비하다
en semaine 주중	cuisine f. 요리
soit 또는	libre 자유로운

Luc : Ça va bien ?

[ ]

Somi : Oui, bien merci.

[ ]

Luc : Est-ce que tu as passé de bonnes vacances d'hiver en Corée?

[ ]

Somi : Oui, j'ai rencontré beaucoup d'amis et je suis allée à la mer avec eux.

[ ]

Luc : Super !

[ ]

Somi : Et toi, qu'est-ce que tu as fait pendant les vacances?

[ ]

Luc : J'ai travaillé dans un café en semaine, et le week-end, soit je suis sorti avec mes amis, soit j'ai invité mes amis chez moi.

[ ]

[ ]

On a préparé ensemble la cuisine et on a regardé des films à la télé.

[ ]

Somi : Ce week-end, tu es libre ? Je t'invite chez moi.

[ ] Luc : Avec plaisir ! Je suis libre. [ ]

상황 2

단어장

avoir l'air en forme 컨디션이 좋아 보인다 fatigué(e) 피곤한 hier 어제 spaghettis m. 스파게티	toute la journée 온종일 la semaine prochaine 다음주 ce soir 오늘 저녁 C'est possible ! 가능해!

Luc : Bonjour ! Tu as l'air en forme aujourd'hui !

[ ]

Somi : Oui, je ne suis pas fatiguée. Et toi ?

[ ]

Luc : Ça va bien. Qu'est-ce que tu as fait hier ?

[ ]

Somi : Je suis allée dans un restaurant avec ma copine.

[ ]

Luc : Qu'est-ce que vous avez pris ?

[ ]

Somi : Nous avons pris des spaghettis avec une pizza. Et toi ?

[ ]

Luc : Moi, j'ai étudié toute la journée. La semaine prochaine, j'ai un examen.

[ ]

Somi : Je veux t'inviter ce soir dans ce restaurant. C'est possible ?

[ ]

Luc : Oui, bien sûr.

[ ]

프랑스어 쓰기

주어진 단어장을 참고하여 다음 글을 프랑스어로 써보세요.

단어장

la semaine dernière 지난주	cadeau m. 선물
parents 부모님	offrir 주다, 제공하다
en banlieue 교외에	fleur f. 꽃
anniversaire m. 생일	repas m. 식사
inviter 초대하다	prendre 마시다
aider qn à + 동사원형 ~qn 이 ~하는 것을 도와주다	une tasse de café 커피 한잔
préparer 준비하다	revenir 다시 돌아오다
déjeuner m. 점심식사	en bus 버스로

① 지난 주에 나는 부모님 집에 갔었다.

② 부모님은 도시외각에 사신다.

③ 지난 토요일은 엄마의 생일이었다.

④ 엄마는 많은 친구들을 초대했다.

⑤ 나는 엄마가 점심 식사 준비하는 것을 도왔다.

⑥ 엄마 친구들은 엄마에게 생일 선물을 주었다. 나도 엄마에게 꽃을 드렸다.

⑦ 엄마는 아주 행복해하셨다.

⑧ 식사 후에 나는 커피 한잔을 정원에서 마셨다.

⑨ 그리고 나는 버스를 타고 집으로 돌아왔다.

①

②

③

④

⑤

⑥

⑦

⑧

⑨

프랑스어 말하기

밑줄 친 부분에 들어갈 문장을 <보기>에서 찾아 보고, 친구와 대화를 나눠보세요.
그리고 원어민 녹음을 듣고 따라해보세요.

<보기>

① Qu'est-ce que vous avez fait à la maison ?
② Je suis allé(e) à la mer avec mes amis.
③ Tu t'es bien reposé(e)

A : Qu'est-ce que tu as fait la semaine dernière ?
B : ....
A : Il y avait beaucoup de monde ?
B : Oui. Nous avons pris le soleil sur la plage, et j'ai nagé. C'était bien, et toi ?
A : Moi, j'ai invité mes amis chez moi.
B : ....
A : Nous avons lu des livres et nous avons écouté de la musique.
B : Et ensuite ?
A : Nous avons préparé le dîner et nous avons regardé un film à la télé.
B : ...., n'est-ce pas ?
A : Oui, c'est vrai.

정답

LEÇON 1

[핵심문법]

■ 주어 인칭대명사

■ 다음 명사에 해당하는 주어인칭대명사를 써보세요.

(1) Pierre → il (2) Sylvie → elle

(3) stylo (m. 연필) → il (4) Pierre et Luc → ils

(5) stylo et gomme (f. 지우개) → ils

■ 강세형 인칭대명사

■ 다음 ( ) 안에 알맞은 강세형인칭대명사를 써보세요.

(1) (Lui), il est étudiant. 그, 그는 학생이다.

(2) C'est (vous) ? 당신입니까?

(3) C'est pour (moi). 이것은 나를 위한 겁니다.

(4) Je suis avec (eux). 나는 그들과 함께 있다.

(5) (Toi), tu vas très bien. 너, 너는 매우 잘 지낸다.

■ 1군 규칙동사

■ 다음 밑줄 친 부분에 Je 또는 J' 중 알맞은 형태를 넣어보세요.

(1) J' achète une pomme. 나는 사과 하나를 산다.

(2) Je regarde la tour Eiffel. 나는 에펠탑을 본다.

(3) J' étudie avec Paul. 나는 철수와 공부한다.

(4) J' habite à Paris. 나는 파리에 산다.

■ 다음 ( ) 안에 주어에 따른 동사를 알맞게 변화시켜 보세요.

(1) Elles (regardent) la télévision. → regarder (2) Tu (travailles) à Paris ? → travailler

(3) Il (dîne) avec moi. → dîner (4) Nous (marchons) ensemble. → marcher

(5) Elle (s'appelle) Sophie. → s'appeler

■ 3군 불규칙동사 aller

■ 다음 ( ) 안에 aller 동사를 알맞게 변형시켜 보세요.

(1) Moi, je (vais) bien. (2) Elle (va) bien?

(3) Nous (allons) très bien. (4) Pierre et Sophie (vont) bien.

[프랑스어 읽기]

상황1

Homme : Bonjour, Madame ! [안녕하세요!]
Femme : Bonjour, Monsieur ! Vous allez bien ? [안녕하세요! 잘 지내시나요?]
Homme : Oui, je vais très bien, merci. Et vous ? [네, 저는 잘 지내요. 감사합니다. 당신은요?]
Femme : Moi aussi, très bien. Bonne journée ! [저 역시, 아주 잘 지내요. 좋은 하루 보내세요!]
Homme : Vous aussi. À bientôt ! [당신도요. 또 봐요!]

상황 2

Paul : Bonjour ! [안녕!]
Sylvie : Bonjour ! [안녕!]
Paul : Moi, je m'appelle Paul. Et toi ? [나, 나는 폴이라고 해. 그런데 너는?]
Sylvie : Moi, je m'appelle Sylvie. [나, 내 이름은 실비야.]
Paul : Enchanté. [만나서 반가워.]
Sylvie : Enchantée. Au revoir, Paul. [만나서 반가워. 잘 가, 폴.]
Paul : À bientôt. Bonne soirée ! [나중에 봐. 좋은 저녁 보내!]

상황 3

Paul : Salut Sylvie, ça va ? [안녕 실비, 잘 지내?]
Sylvie : Oui, ça va très bien. Et toi ? [응, 아주 잘 지내. 너는?]
Paul : Pas mal. À tout à l'heure, Sylvie. [나쁘지 않아. 조금 있다 봐, 실비.]
Sylvie : À tout à l'heure. [조금 있다 보자.]

[프랑스어 쓰기]

① 안녕,	① Salut,
② 내 이름은 ooo이야.	② Je m'appelle ooo.
③ 나는 아주 잘 지내.	③ Je vais très bien.
④ 너 역시, 너도 잘 지내지?	④ Toi aussi, tu vas bien ?
⑤ 만나서 반가워.	⑤ Enchanté(e).
⑥ 잘 가 그리고 좋은 하루 보내!	⑥ Au revoir et bonne journée !

[프랑스어 말하기]

A : Pierre B : Sylvie C : Marie

A와 B는 처음 만난 사이

A : Bonjour !

B : Bonjour !

A : Vous vous appelez comment ?

B : Je m'appelle Sylvie. Et vous?

A : Moi, je m'appelle Pierre. Enchanté.

B : Enchantée.

A : Au revoir ! À bientôt !

B : Au revoir ! À bientôt !

[....]

A가 친구 C를 만난다. C는 B의 친구이다.

A : Bonjour ! Comment ça va ?

C : Bonjour ! Je vais bien. Merci. Et toi ?

A : Moi aussi, je vais très bien. Merci ! Sylvie aussi, elle va bien?

C : Oui, elle va très bien.

A : Au revoir ! Bonne journée !

C : Au revoir ! Toi aussi !

A: 안녕하세요!

B: 안녕하세요!

A: 성함이 어떻게 되시죠?

B: 제 이름은 실비입니다. 당신은요?

A: 저는 피에르라고 합니다. 만나서 반가워요.

B: 반가워요.

A: 안녕히 계세요! 다음에 봐요!

B: 안녕히 계세요! 다음에 봐요!

[....]

A: 안녕! 어떻게 지내?

C: 안녕! 나는 잘 지내. 고마워. 그런데 너는?

A: 나도 잘 지내. 고마워! 실비도 잘 지내?

C: 응, 아주 잘 지내고 있어.

A: 잘 가! 좋은 하루 보내!

C: 잘 가! 너도!

LEÇON 2

[핵심문법]

■ 명사의 성

■ 다음 단어에 해당하는 성을 써보세요.

(1) cinéma → 남성
(2) pizza → 여성
(3) fille → 여성
(4) école → 여성
(5) téléphone portable → 남성
(6) crayon → 남성
(7) chien → 남성
(8) table → 여성
(9) gomme → 여성
(10) vin → 남성

■ 다음 명사를 여성으로 바꿔보세요.

(1) garçon → fille
(2) journaliste → journaliste
(3) étudiant → étudiante
(4) pâtissier → pâtissière
(5) serveur → serveuse
(6) ami → amie
(7) cousin → cousine
(8) chinois → chinoise
(9) canadien → canadienne
(10) directeur → directrice

■ 명사의 수

■ 다음 단수 명사를 복수 명사로 바꿔보세요.

(1) maison → maisons
(2) château → châteaux
(3) cheveu → cheveux
(4) choix → choix
(5) souris → souris
(6) voiture → voitures
(7) table → tables
(8) pays → pays

■ 3군 불규칙동사 être

■ 다음 주어진 단어들을 가지고 문장을 만들어 보세요.

(1) étudiant, il, être → Il est étudiant.
(2) coréens, ils, être → Ils sont coréens.
(3) Lyon, tu, être de → Tu es de Lyon.
(4) avec vous, elle, être → Elle est avec vous.
(5) acteurs, nous, être → Nous sommes acteurs.

■ 의문문

■ 다음 문장을 Est-ce que와 주어, 동사 도치를 이용하여 의문문으로 만들어 보세요.

(1) Tu es française. → Est-ce que tu es française ?

→ Es-tu française ?

(2) Ils habitent à Bordeaux. → Est-ce qu'ils habitent à Bordeaux ?

→ Habitent-ils à Bordeaux ?

(3) Pierre est canadien. → Est-ce que Pierre est canadien ?

→ Pierre est-il canadien ?

(4) Sylvie est boulangère. → Est-ce que Sylvie est boulangère ?

→ Sylvie est-elle boulangère ?

■ 지시대명사 ce

■ c'est를 이용하여 문장을 만들어 보세요.

1) 이 사람은 마리입니다.

→ C'est Marie.

2) 이것은 자동차입니다. (자동차 : une voiture)

→ C'est une voiture.

3) 이것들은 책들입니다. (책들 : des livres)

→ Ce sont des livres.

■ 부정문

■ 다음 <보기>의 문장을 모든 인칭의 부정문으로 만들어 보세요.

보기 : Il est américain.

Je	ne suis pas américain.
Tu	n'es pas américain.
il/elle	n'est pas américain.
Nous	ne sommes pas américains.
Vous	n'êtes pas américain(s).
ils/elles	ne sont pas américains.

■ 다음 문장을 밑줄 친 의미의 부정형으로 만들어 보세요.

(1) C'est une pomme. 이것은 사과가 <u>아니다.</u>

→ Ce n'est pas une pomme.

(2) Tu habites à Séoul. 너는 <u>더이상</u> 서울에 살지 <u>않는다</u>.

→ Tu n'habites plus à Séoul.

(3) Elle est contente. (être : ~이다)　그녀는 결코 만족하지 않는다.

→ Elle n'est jamais contente.

(4) J'aime Jean et Marie. 나는 장도 마리도 좋아하지 않는다.

→ Je n'aime ni Jean ni Marie.

[프랑스어 읽기]

상황1

Pierre : Bonjour ! Je m'appelle Pierre. Je suis français.
[안녕하세요! 저는 피에르입니다. 저는 프랑스인입니다.]
Je suis de Paris. [저는 파리 출신입니다.]
Somi : Bonjour ! Moi, je suis Somi. Je suis de Séoul.
[안녕하세요! 저, 저는 소미라고 해요. 저는 서울 출신입니다.]
Pierre : Vous êtes coréenne ? [당신은 한국사람입니까?]
Somi : Oui, je suis coréenne. [네, 저는 한국사람이예요.]
Pierre : Enchanté ! [만나서 반갑습니다!]
Somi : Enchantée ! [만나서 반갑습니다!]
Pierre : Et vous, vous êtes... [그런데 당신, 당신은....]
Miro : Bonjour, Moi, je m'appelle Miro. J'habite avec Somi.
[안녕하세요, 저는 미로하고 해요. 저는 소미와 같이 삽니다.]
Pierre : Enchanté ! Vous êtes aussi coréenne ? [반가워요! 당신 역시 한국 사람입니까?]
Miro : Non, je suis japonaise. Enchantée ! [아니요, 저는 일본 사람이예요. 만나서 반가워요!]

상황 2

Somi : Salut, Marc. C'est Marie. [안녕, 막. 마리를 소개해.]
Marc : Salut ! Moi, je suis Marc. Enchanté ! [안녕! 나, 나는 막이야. 만나서 반가워!]
Marie : Enchantée ! Est-ce que tu es italien ? [만나서 반가워! 너는 이탈리아인이니?]
Marc : Non, je ne suis pas italien. Je suis américain. [아니, 나는 이탈리아인이 아니야. 나는 미국 사람이야.]
Somi : Marie est espagnole. [마리는 스페인이야.]
Marie : Es-tu étudiant ? [너는 학생이니?]
Marc : Oui. Et toi ? [응, 너는?]
Marie : Moi, je suis professeur. Et Somi, elle est cuisinière.
[나, 나는 선생님이야. 그리고 소미, 그녀는 요리사야.]

[프랑스어 쓰기]

① 제 이름은 ooo입니다.	① Je suis ooo.
② 저는 일본인이 아니고, 한국인입니다.	② Je ne suis pas japonais(e) mais je suis coréen(ne).
③ 너는 서울 출신입니다.	③ Je suis de Séoul.
④ 너는 학생입니다.	④ Je suis étudiant(e).
⑤ 저는 파리에 살고 있고, 파리를 좋아합니다.	⑤ J'habite à Paris et j'aime Paris.
⑥ 저는 프랑스어를 조금 합니다.	⑥ Je parle un peu français.

[프랑스어 말하기]

A : Paul B : Christine C : Martin

A : Enchanté. Je m'appelle Paul.

B : Enchantée. Moi, je suis Christine.

A : Êtes-vous professeur ?

B : Non, je ne suis pas professeur. Je suis étudiante. Et vous ?

A : Moi, je suis journaliste. Est-ce que vous êtes canadienne ?

B : Non, je ne suis pas canadienne. Je suis coréenne. Et vous ?

A : Moi, je suis français. Je suis de Paris. Et vous ?

B : Je suis de Séoul.

A : Voilà Martin. Il est allemand et il est avocat.

B : Enchantée, Martin.

C : Enchanté !

A: 만나서 반가워요. 제 이름은 폴입니다.

B: 반갑습니다. 난 크리스틴이예요.

A: 당신은 선생님이세요?

B: 아니요, 저는 선생님이 아닙니다. 학생이예요. 당신은요?

A: 저는 기자입니다. 당신은 캐나다 사람입니까?

B: 아니요, 저는 캐나다인이 아닙니다. 한국인입니다. 당신은요?

A: 저는 프랑스 사람입니다. 저는 파리에서 왔습니다. 당신은요?

B: 저는 서울에서 왔어요.

A: 이쪽은 마틴입니다. 그는 독일인이며 변호사입니다.

B: 반가워요, 마틴.

C: 만나서 반갑습니다!

LEÇON 3

[핵심문법]

■ 부정관사, 정관사

■ 다음 명사에 해당하는 부정관사와 정관사를 넣어보세요.

(1) livre → un, le
(2) cinéma → un, le
(3) table → une, la
(4) école → une, la
(5) fille → une, la
(6) amis → des, les
(7) café → un, le
(8) étudiante → une, la
(9) chien → un, le
(10) femmes → des, les

■ 다음 문장 모두를 복수로 바꿔보세요.

(1) C'est un vin. → Ce sont des vins.
(2) Le livre de Paul est dans le sac. → Les livres de Paul sont dans les sacs.
(3) Il habite avec un ami. → Ils habitent avec des amis.
(4) J'ai un journal. → Nous avons des journaux.

■ 품질형용사

■ 다음 형용사를 여성형으로 바꿔보세요.

(1) facile → facile
(2) beau → belle
(3) heureux → heureuse
(4) neuf → neuve
(5) coréen → coréenne
(6) vert → verte
(7) jeune → jeune
(8) mignon → mignonne
(9) adorable → adorable
(10) gentil → gentille

■ 다음 단어의 복수형을 써 보세요.

(1) français → français
(2) sérieux → sérieux
(3) petit → petits
(4) nouveau → nouveaux
(5) beau → beaux
(6) triste → tristes
(7) original → originaux
(8) vieux → vieux
(9) gentil → gentils
(10) adorable → adorables

■ 3군 불규칙동사 avoir

■ 다음 주어진 단어들을 가지고 문장을 만들어 보세요.

(1) des amis, il, avoir → Il a des amis.

(2) un chien, les étudiants, avoir → Les étudiants ont un chien.

(3) les cheveux, tu, gris, avoir → Tu as les cheveux gris.

(4) les yeux, elle, bleus, avoir → Elle a les yeux bleus.

(5) 21 ans, nous, avoir → Nous avons 21 ans.

[프랑스어 읽기]

상황 1

Somi : Bonjour ! Comment vas-tu ? [안녕! 너는 어떻게 지내니?]

Paul : Salut Somi ! Très bien. Et toi ? [안녕 소미! 아주 잘 지내. 너는?]

Somi : Comme ci comme ça. Tu as un joli chat !

[그럭저럭 지내. 너는 예쁜 고양이가 있네!]

Paul : Oui, j'adore les chats. Et toi ? [응, 나는 고양이를 아주 좋아해. 너는?]

Somi : Non, je n'aime pas les chats. [아니, 나는 고양이를 좋아하지 않아.]

Paul : Ah bon. Et tu aimes les chiens ? [아 그래. 그러면 개는 좋아하니?]

Somi : Ah oui, j'adore les chiens, surtout les petits chiens.

[그럼, 나는 개를 좋아해. 특히 강아지를 좋아해.]

Paul : J'ai aussi un chien chez moi. [나도 집에 개 한 마리가 있어.]

상황 2

Somi : Moi, j'ai une soeur. [나, 나는 여동생이 한명 있어.]

Michel : Elle est comment? [그녀는 어떤데?]

Somi : Elle est grande et sociable. Elle a les yeux bruns et les cheveux noirs.

[그녀는 키가 크고, 사교적이야. 그녀의 눈은 갈색이고 머리카락은 검은색이야.]

Elle est géniale. Et toi ? [그녀는 아주 멋져. 너는?]

Michel : Moi, j'ai un petit frère. [나, 나는 남동생이 한명 있어.]

Somi : Il est comment ? [그는 어떤데?]

Michel : Il est sérieux et intelligent. Et il a les cheveux courts et les yeux bleus.

[그는 진지하고 똑똑해. 그리고 그의 머리는 짧고, 눈은 푸른색이야.]

Somi : Est-ce qu'il est beau ? [그는 잘 생겼니?]

Michel : Il n'est pas beau mais mignon. [그는 미남은 아니지만 귀여워.]

[프랑스어 쓰기]

① 내 친구 이름은 ooo입니다. ② 그 (그녀)는 이탈리아인이고 뮤지션입니다. ③ 그 (그녀)는 일본어는 못하지만 한국어는 잘 합니다. ④ 그 (그녀)의 머리는 갈색이고 눈은 파랗습니다. ⑤ 그 (그녀)는 키가 크고 귀엽습니다. ⑥ 그 (그녀)는 친절하고 사교적입니다. ⑦ 그 (그녀)는 작은 강아지들을 좋아합니다.	① Mon ami(e) s'appelle ooo. ② Il (elle) est italien(ne) et musicien(ne). ③ Il (elle) ne parle pas japonais mais il (elle) parle bien coréen. ④ Il (elle) a les cheveux bruns et les yeux bleus. ⑤ Il (elle) est grand(e) et mignon(ne). ⑥ Il (elle) est gentil(le) et sociable. ⑦ Il (elle) aime les petits chiens.

[프랑스어 말하기]

A : J'ai un joli chien. Et toi, tu aimes les chiens ?
B : Oui, j'aime beaucoup les chiens.
A : Est-ce que tu as un chien ?
B : Oui, j'ai un chien.
A : Il est comment ?
B : Il est petit et mignon. Il est adorable.
A : Ah bon ! Tu as des frères et soeurs ?
B : Oui, j'ai une soeur.
A : Elle s'appelle comment ? Elle habite avec toi ?
B : Elle s'appelle Bolam. Elle habite avec moi.
A : Bolam, elle est comment ?
B : Elle est gentille et sympathique. Elle a les cheveux bruns et les yeux bruns.
A : Elle est étudiante comme toi ?
B : Oui, elle est étudiante.
A : Elle est grande comme toi ?
B : Non, elle n'est pas grande. Elle est petite.
A : Moi, j'ai un grand frère.
B : Il est comment ? Il s'appelle comment ?
A : Il est petit. Il a les cheveux blonds et les yeux gris. Il s'appelle Jean.

A: 나는 예쁜 개 한마리가 있어. 너는 개를 좋아하니?
B: 응, 개를 아주 좋아해.
A: 개가 있니?
B: 응, 개 있어.

A: 그 개는 어때?
B: 개는 작고 귀여워. 그 개는 아주 사랑스러워.
A: 아 그래! 너는 형제나 자매가 있니?
B: 응, 여동생 한명 있어.
A: 이름이 뭐니? 같이 사니?
B: 이름은 보람이야. 나와 함께 살아.
A: 보람은 어때?
B: 착하고 친절해. 머리색은 갈색이고 눈도 갈색이야.
A: 너처럼 학생이니?
B: 응, 학생이야.
A: 너처럼 키가 크니?
B: 아니, 키가 크지 않아. 키가 작아.
A: 나는 형이 한명 있어.
B: 그는 어때? 이름이 뭐니?
A: 그는 키가 작아. 그는 금발에 눈은 회색이야. 그의 이름은 장이야.

LEÇON 4

[핵심문법]

■ 의문형용사

■ 다음 (　　) 안에 알맞은 의문형용사를 넣어보세요.

(1) (Quelle) est ta profession ?　　(2) (Quelles) chansons aimes-tu ?

(3) (Quels) livres achetez-vous ?　　(4) (Quel) film regardent-ils ?

■ 소유형용사

■ 다음 ( ) 안에 알맞은 소유형용사를 넣어보세요.

(1) J'ai (ta) gomme. 나는 너의 지우개를 가지고 있다.

(2) Je suis devant (sa) table. 나는 그의 테이블 앞에 있다.

(3) J'aime (mes) étudiants. 나는 나의 학생들을 좋아한다.

(4) Ils ont (leurs) livres. 그들은 그들의 책들을 가지고 있다.

(5) (Son) professeur est gentil. 그의 선생님은 친절하다.

(6) (Mon) amie est jolie. 나의 여자 친구는 예쁘다.

(7) Je mange (son) gâteau. 나는 그의 케이크를 먹는다.

(8) (Son) école est grande. 그녀의 학교는 크다.

(9) Nous adorons (notre) père. 우리들은 우리들의 아버지를 아주 좋아한다.

(10) (Son) histoire est triste. 그의 이야기는 슬프다.

■ 장소 전치사

■ 다음 ( ) 안에 해당하는 장소 전치사를 넣어보세요.

(1) Elle est (à côté de) la Seine. 그녀는 세느강 옆에 있다.

(2) Ils habitent (loin de) Lyon. 그들은 리용에서 멀리 산다.

(3) Mon ami est (devant) moi. 내 친구가 내 앞에 있다.

(4) Les fleurs sont (sur) la table. 꽃들이 테이블 위에 있다.

(5) Les enfants sont (derrière) le bus ? 아이들이 버스 뒤에 있습니까?

■ 3군 불규칙동사 dormir

■ 다음 주어진 단어들을 가지고 문장을 만들어 보세요.

(1) sous le lit, il, dormir → Il dort sous le lit.

(2) devant la porte, un chien, dormir → Un chien dort devant la porte.

(3) avec ta soeur, tu, dormir → Tu dors avec ta soeur.

(4) ensemble, dans la chambre, elles, dormir → Elles dorment ensemble dans la chambre.

[프랑스어 읽기]

상황 1

Robert : Ce sont les photos de ma famille. [이것은 내 가족의 사진들이야.]

Somi : Ici, c'est ton père ? [여기, 이 사람은 너의 아버지시니?]

Robert : Oui, c'est mon père. [응, 나의 아버지야.]

Somi : Quelle est sa profession ? [그의 직업은 뭐니?]

Robert : Il est employé. À côté de lui, c'est ma mère. Elle est secrétaire.
[아버지는 회사원이야. 아버지의 옆에 있는 사람은 나의 어머니야. 어머니는 비서야.]

Somi : Ta mère a l'air gentille. [너의 어머니는 친절해 보이네.]

Robert : Oui, c'est vrai. En plus, elle est très active. [응, 맞아. 게다가 어머니는 아주 활동적이셔.]

상황 2

Somi : Ton chat est adorable... [너의 고양이는 사랑스럽네...]

Paul : Oui, c'est vrai. Il aime bien monter sur la table et jouer avec moi.
[응, 맞아. 이 고양이는 테이블 위에 올라가는 것을 좋아하고, 나와 노는 것을 좋아해.]
Nous jouons souvent dans ma chambre. [우리는 자주 방에서 놀아.]

Somi : Ah bon. Il dort avec toi dans ta chambre ? [아, 그래. 고양이가 너와 함께 네 방에서 자니?]

Paul : Oui, il aime dormir près de moi. [응, 내 곁에서 자는 것을 좋아해.]

Somi : Et quel sport aimes-tu ? [그런데 너는 어떤 운동을 좋아하니?]

Paul : Moi, j'aime la natation. Et toi ? [나, 나는 수영을 좋아해. 너는?]

Somi : Moi, j'aime le tennis et le jogging. [나, 나는 테니스와 조깅을 좋아해.]

[프랑스어 쓰기]

① 당신은 어떤 운동을 좋아하나요?	① Quel sport aimez-vous ?
② 저, 저는 조깅을 좋아합니다. 저는 활동적입니다.	② Moi, j'aime le jogging. Je suis actif(ve).
③ 제 여동생은 조깅을 좋아하지 않습니다.	③ Ma petite soeur n'aime pas le jogging.
④ 그녀는 음악을 좋아하고 집에 있는 것을 좋아합니다.	④ Elle aime la musique et rester à la maison.
⑤ 그녀는 아주 사랑스럽습니다.	⑤ Elle est aimable.
⑥ 그녀는 매일 음악을 듣습니다.	⑥ Elle écoute de la musique tous les jours.

[프랑스어 말하기]

A : Tu aimes le sport ?

B : Oui, j'adore.

A : Quel sport aimes-tu ?

B : Moi, j'aime le tennis. Et toi ?

A : Moi, je n'aime pas le sport. J'aime le cinéma. Toi aussi ?

B : Oui, j'aime beaucoup.

A : Ta soeur aussi, elle aime le cinéma ?

B : Oui, elle adore aussi.

A : À côté de chez toi, il y a un cinéma ?

B : Oui, il y a un cinéma.

A: 너는 스포츠 좋아하니?

B: 응, 아주 좋아해.

A: 어떤 스포츠를 좋아하니?

B: 나, 나는 테니스를 좋아해. 너는?

A: 나는 스포츠를 좋아하지 않아. 나는 영화를 좋아해. 너도?

B: 응, 나도 많이 좋아해.

A: 너의 언니도 영화 좋아해?

B: 응, 그녀도 엄청 좋아해.

A: 너의 집 옆에 영화관이 있니?

B: 응, 영화관이 하나 있어.

LEÇON 5

[핵심문법]

■ 의문부사

■ 다음 ( ) 안에 적당한 의문부사를 넣어보세요.

(1) (Où) allez-vous ? 어디 가세요?

(2) Vous travaillez (quand) ? 언제 일하세요?

(3) (Combien) de chiens avez-vous ? 당신은 몇 마리의 강아지가 있나요?

(4) (Pourquoi) pleure-t-elle ? 그녀는 왜 우나요?

(5) (Comment) s'appelle-t-il ? 그의 이름은 무엇입니까?

(6) (Quand) est-ce que vous voyagez à Londres ? 당신은 언제 런던을 여행하시나요?

■ 준조동사

■ 다음 ( ) 안에 알맞은 준조동사를 넣어보세요.

(1) Marie (veut) une voiture.→ vouloir

(2) Elle (doit) préparer son examen. → devoir

(3) Je (peux) conduire la voiture. → pouvoir

(4) Nous ne (pouvons) pas chanter ensemble. → pouvoir

(5) Vous ne (voulez) pas manger avec nous? → vouloir

■ 다음 주어진 단어들을 가지고 문장을 만들어 보세요.

(1) une fleur, il, vouloir → Il veut une fleur.

(2) à l'hôpital, tu, aller, devoir → Tu dois aller à l'hôpital.

(3) nager, vous, pouvoir → Vous pouvez nager.

(4) avec les enfants, nous, parler, pouvoir → Nous pouvons parler avec les enfants.

(5) à la bibliothèque ?, elles, étudier, devoir → Elle doit étudier à la bibliothèque ?

■ 정관사 축약

■ 다음 ( ) 안에 알맞은 'à + 정관사 축약'을 넣어보세요.

(1) Marie et moi allons (au) restaurant.

(2) Vincent va (au) café avec elle.

(3) Tu téléphones (au) professeur.

(4) Elle donne un livre (à l') enfant.

(5) Vous parlez toujours (aux) élèves.

■ 다음 주어진 단어들을 가지고 의미에 맞는 문장을 만들어 보세요.

(1) la bibliothèque, aller, je → Je vais à la bibliothèque.

(2) le marché, aller, nous → Nous allons au marché.

(3) l'école, aller, tu → Tu vas l'école.

(4) le parc, aller, nous → Nous allons au parc.

(5) les États-Unis, aller, vous → Vous allez aux États-Unis.

(6) l'hôtel, aller, ils → Ils vont à l'hôtel.

[프랑스어 읽기]

상황1

Somi : Bonjour, comment ça va ? [안녕. 어떻게 지내니?]

Robert : Je vais bien, merci. Et toi ? [나는 잘 지내. 고마워. 그런데 너는?]

Somi : Moi aussi, très bien. [나도, 아주 잘 지내.]

Robert : Où vas-tu ? [어디 가니?]

Somi : Je vais au cinéma. Je rencontre mon amie devant le cinéma.
[나는 영화관에 가. 영화관 앞에서 친구를 만나.]
Tu veux venir avec nous ? [우리와 함께 갈래?]

Robert : C'est gentil, mais je dois aller à la bibliothèque. [고마워, 그런데 나는 도서관에 가야만 해.]
Demain, j'ai un examen. [내일, 시험이 있거든.]

Somi : Tant pis. Bonne chance. [할 수 없지. 행운이 있기를 빈다.]

Robert : Salut. À demain. [안녕, 내일 보자.]

Somi : À demain. [내일 봐.]

상황 2

Somi : Allô, je vous écoute ! [여보세요, 말씀하세요!]

Eric : Bonjour, c'est moi, Eric. Ça va ? [안녕, 나야. 에릭. 잘 지내지?]

Somi : Oui, ça va très bien. [응, 아주 잘 지내.]

Eric : Tu es libre aujourd'hui ? [너 오늘 시간 있니?]

Somi : Oui, je suis libre, pourquoi ? [응, 시간 있어, 왜?]

Eric : Je veux aller au concert de BTS avec toi. C'est possible ?
[너와 BTS 콘서트에 가고 싶어서. 가능하니?]

Somi : Oui, je peux. [응, 가능해.]

Eric : Très bien. [잘됐네.]

Somi : À quelle heure commence le concert ? [콘서트는 몇시에 시작하니?]

Eric : À 6 heures. [6시에.]

Somi : D'accord. [알았어.]

[프랑스어 쓰기]

① 나는 음악을 좋아합니다.	① J'aime la musique.
② 내 친구도 음악을 좋아합니다.	② Mon ami aime aussi la musique.
③ 오늘 우리는 콘서트에 갑니다.	③ Aujourd'hui, nous allons au concert.
④ 콘서트는 6시에 시작합니다.	④ Le concert commence à six heures.
⑤ 콘서트 장은 은행 근처에 있습니다.	⑤ La salle de concert est près de la banque.
⑥ 나는 5시에 내 친구를 콘서트 장 앞에서 만납니다.	⑥ Je rencontre mon ami à cinq heures devant la salle de concert.
⑦ 우리는 티켓 2장을 삽니다.	⑦ Nous achetons deux tickets.
⑧ 콘서트 후, 우리는 레스토랑에 갑니다.	⑧ Après le concert, nous allons au restaurant.

[프랑스어 말하기]

A : Aujourd'hui, je suis libre. Et toi ?
B : Non, je ne suis pas libre.
A : Ah bon, pourquoi ? Aujourd'hui c'est dimanche.
B : Je dois travailler au café.
A : Quand est-ce que tu es libre ? Peut-être demain ?
B : Oui, je suis libre demain. Pourquoi ?
A : Parce que je veux regarder un film au cinéma, et après je veux aller au restaurant avec toi.
B : C'est gentil. On se voit où ?
A : Devant le cinéma 'La vie en rose'.
B : D'accord. À quelle heure ?
A : À 5 heures. Tu aimes la cuisine italienne ?
B : Oui, j'adore.
A : C'est très bien. À demain.
B : À demain. Bonne journée.

A: 오늘 나는 한가해. 너는 한가하니?
B: 아니, 나는 시간이 없어.
A: 아, 왜? 오늘은 일요일이잖아.
B: 커피숍에서 일해야만 해.
A: 언제 한가하니? 아마도 내일?
B: 응, 내일 시간이 돼. 왜?
A: 왜냐하면 영화관에서 영화를 보고 싶어, 그 다음에 너랑 같이 식당에 가고 싶거든.
B: 고마워. 어디서 만날까요?
A: '장미빛 인생'영화관 앞에서.

B: 좋아. 몇 시에?

A: 5시에. 이탈리아 요리 좋아해?

B: 응, 아주 좋아요.

A: 잘 됐네. 내일 봐.

B: 내일 봐. 좋은 하루 보내.

LEÇON 6

[핵심문법]

■ 의문대명사 que

■ 다음 (　) 안에 알맞은 의문대명사를 보기에서 골라 넣어보세요.

que, qu'est-ce qui, qu'est-ce que

(1) (Qu'est-ce que) vous faites ?

(2) (Qu') achetez-vous ?

(3) (Qu'est-ce qui) arrive ?

(4) (Qu'est-ce que) tu donnes à ton ami ?

(5) (Que) mangent-ils ?

■ 다음 문장을 프랑스어로 써보세요.

(1) 무슨 일이니? → Qu'est-ce qui arrive ?

(2) 너는 무엇을 먹니? (단순형으로) → Que manges-tu ?

(3) 그녀들은 무엇을 보니? (중복형으로) → Qu'est-ce qu'elles regardent ?

(4) 그는 무엇을 공부하니? (단순형으로) → Qu'étudie-t-il ?

■ 관사 : 부분관사

■ 다음 (　) 안에 알맞은 부분관사를 넣어보세요.

(1) Vous avez (de la) chance.

(2) (de l') eau, s'il vous plaît !

(3) Tu veux (du) thé ?

(4) J'achète (de la) viande.

(5) Vous voulez acheter (des) pâtes ?

■ 근접 미래

■ 다음 문장을 근접미래로 바꿔보세요.

(1) Tu travailles au café.

→ Tu vas travailler au café.

(2) Elle donne du pain à son amie.

→ Elle va donner du pain à son amie.

(3) Nous quittons Paris.

→ Nous allons quitter Paris.

(4) Il reste chez moi.

→ Il va rester chez moi.

(5) Je prépare le dîner.

→ Je vais préparer le dîner.

■ 3군 불규칙동사 faire

■ 다음 주어진 단어들을 가지고 문장을 만들어 보세요.

(1) des gâteaux, souvent, il, faire → Il fait souvent des gâteaux.

(2) du sport, les étudiants, faire → Les étudiants font du sport.

(3) qu'est-ce que, tu, le week-end, faire → qu'est-ce que tu fais le week-end ?

(4) du jogging, elle, tous les jours, faire → Elle fait du jogging tous les jours.

(5) la cuisine, très bien, Sylvie et moi, faire → Sylvie et moi faisons très bien la cuisine.

■ 1군 규칙동사 변칙형 acheter

■ 다음 문장을 프랑스어로 써보세요.

(1) 나는 책 한권을 산다.

→ J'achète un livre.

(2) 나의 엄마는 가게에서 모자를 산다. (모자 : un chapeau, 가게 : le magasin)

→ Ma mère achète un chapeau dans le magasin.

(3) 그녀는 그녀의 친구를 위해 선물을 산다. (선물 : un cadeau)

→ Elle achète un cadeau pour son ami(e).

■ 3군 불규칙동사 prendre

■ prendre 동사를 활용하여 다음 문장을 프랑스어로 써보세요.

(1) 나는 학교에 가기 위해 버스를 탄다. (버스 : le bus)

→ Je prends le bus pour aller à l'école.

(2) 당신은 저녁식사를 한다. (저녁식사 : le dîner)

→ Vous prenez le dîner.

(3) 그들은 카페에서 커피를 마신다.

→ Ils prennent du café au café.

(4) 나는 아침마다 차와 빵을 먹는다. (아침마다 : tous les matins)

→ Je prends du pain et du thé tous les matins.

■ 3군 불규칙동사 venir

■ 다음 문장을 프랑스어로 써보세요.

(1) 그녀는 런던에서 온다. (~로부터 : de)

→ Elle vient de Londres.

(2) 그녀들은 나의 집에 매일 온다.

→ Elles viennent tous les jours chez moi.

(3) 강아지가 우리 쪽으로 온다. (~ 쪽으로 : vers)

→ Un chien vient vers nous.

[프랑스어 읽기]

상황 1

Somi : Salut, Pierre ! Où vas-tu ? [안녕, 피에르! 너 어디 가니?]

Pierre : Je vais au café. Tu veux venir avec moi ? [커피숍에 가. 나하고 같이 갈래?]

Somi : Avec plaisir. [기꺼이.]

[un peu plus tard] [조금 후에]

Pierre : Qu'est-ce que tu veux ? [너 뭐 원해?]

Somi : Je prends du café. Et toi ? [커피 마실래. 너는?]

Pierre : Moi, je veux prendre un café avec du pain. [나, 나는 빵과 함께 커피를 마시고 싶어.]

Somi : Tu veux de la confiture ? [잼도 원하니?]

Pierre : Non, du beurre seulement. [아니, 버터만.]

Somi : D'accord. [알았어.]

상황 2

Michel : Qu'est-ce que tu vas faire demain ? [내일 너는 뭐 할 거니?]

Somi : Je vais faire des courses avec ma soeur. [내 동생과 시장 볼 거야.]

Michel : Où est-ce que tu vas faire tes courses ? [어디서 시장을 보니?]

Somi : Au marché près de chez moi. [우리 집 근처에 있는 시장에서.]

Michel : Qu'est-ce que tu vas acheter ? [너는 무엇을 살 거니?]

Somi : Je vais acheter des fruits et des légumes. [과일과 야채를 살거야.]

Michel : Moi, je dois acheter de la viande. Je peux venir avec vous ?
[나, 나는 고기를 사야만 해. 너희들과 함께 가도 되니?]

Somi : Bien sûr. À demain. [물론이지. 내일 봐.]

Michel : À demain. [내일 보자.]

[프랑스어 쓰기]

① 나는 엄마와 함께 매일 시장에 간다.	① Je vais au marché avec ma mère tous les jours.
② 시장에서 우리는 과일과 야채를 산다.	② Au marché, nous achetons des fruits et des légumes.
③ 오늘 나는 엄마와 함께 요리를 할 것이다.	③ Aujourd'hui, je vais faire la cuisine avec ma mère.
④ 나는 샐러드를 준비할 것이고, 엄마는 고기를 준비할 것이다.	④ Je vais préparer de la salade et ma mère va préparer de la viande.
⑤ 나는 빵과 치즈를 좋아한다.	⑤ J'aime le pain et le fromage.
⑥ 그래서 매일 아침 나는 커피와 함께 빵을 먹는다.	⑥ Alors, tous les matins je prends du café avec du pain.
⑦ 당신은 무엇을 좋아하나요?	⑦ Qu'est-ce que vous aimez ?

[프랑스어 말하기]

A : Bonjour Sophie. Qui est-ce ?
B : Bonjour Nicolas. C'est mon amie Catherine.
A : Enchanté Catherine. Où allez-vous ?
B : Nous allons au marché.
A : Qu'est-ce que vous voulez acheter ?
B : Nous allons acheter des fruits et des légumes.
A : Qu'est-ce que vous allez faire après ?
B : Nous allons aller au café.
A : Ah bon. Qu'est-ce que vous allez prendre ?
B : Nous allons prendre du café au lait avec des croissants.
A : Je suis libre maintenant. Est-ce que je peux venir avec vous ?
B : Bien sûr.
A : Merci. On y va.

A: 안녕 소피. 이 사람은 누구니?
B: 안녕, 니콜라. 내 친구 카트린이야.
A: 반갑습니다. 카트린. 너희들은 어디 가는 거니?
B: 시장에 가는 거야.
A: 무엇을 사고 싶어서?
B: 과일과 채소를 살 거야.
A: 그 다음에 뭐 할 거니?
B: 우리는 커피숍에 갈 거야.
A: 그래. 뭐 먹을 거니?
B: 우리는 크루아상과 밀크 커피를 마실 거야.
A: 나는 지금 시간이 있는데. 너희들과 함께 가도 될까?

B: 물론이지.
A: 고마워. 가자.

LEÇON 7

[핵심문법]

■ 비인칭 구문

■ 다음 ( ) 안에 알맞은 비인칭 동사를 써보세요.

(1) Il (neige) beaucoup. 눈이 많이 내린다.

(2) Il (fait) beau tous les jours. 매일 날씨가 좋다.

(3) Il (est) trois heures et cinq. 지금 3시 5분이다.

(4) Il (pleut) maintenant. 지금 비가 내린다.

(5) Quelle heure (est)-il ? 몇 시입니까?

■ 전치사 en / à

■ 다음 ( ) 안에 알맞은 전치사를 넣어보세요.

(1) Elle habite (en) Angleterre.

(2) Quand retournez-vous (en) Corée ?

(3) Tu pars (au) Mexique ?

(4) Ils sont (en) Suisse?

(5) (en) Italie, il y a beaucoup de châteaux.

(6) Nous sommes (au) Brésil.

(7) Nous passons les vacances d'hiver (en) Iran.

■ 다음 문장을 프랑스어로 써보세요.

(1) 겨울에 눈이 많이 내린다.

→ Il neige beaucoup en hiver.

(2) 나는 여름에 프랑스에 간다.

→ Je vais en France en été.

(3) 가을에 그녀는 여행하는 것을 좋아한다.

→ Elle aime voyager en automne.

(4) 봄에 내 동생은 학교에 간다.

→ Mon frère va à l'école.

■ 수형용사

■ 다음 숫자를 프랑스어로 써보세요.

(1) 7 → sept

(2) 9 → neuf

(3) 21 → vingt et un

(4) 35 → trente-cinq

(5) 80 → quatre-vingts

(6) 95 → quatre-vingt-quinze

■ 다음 전화번호를 프랑스어로 써보세요.

(1) 02-45-17-56-06 → zéro deux, quarante-cinq, dix-sept, cinquante-six, zéro six

(2) 01-34-27-59-23 → zéro un, trente-quatre, vingt-sept, cinquante-neuf, vingt-trois

(3) 05-89-67-72-46 → zéro cinq, quatre-vingt-neuf, soixante-sept, soixante-douze, quarante-six

■ 정관사 축약 de

■ 다음 ( ) 안에 알맞은 정관사 축약을 넣어보세요.

(1) C'est la table (des) étudiants.

(2) Les chaussures (de l') enfant sont sales.

(3) Le numéro (de la) maison est 12.

(4) La voiture (du) voisin est rouge.

(5) Ce sont les sacs (de l') actrice.

■ 3군 불규칙동사 sortir

■ 다음 문장을 프랑스어로 써보세요.

(1) 나는 친구와 외출한다.

→ Je sors avec mon ami(e).

(2) 그녀는 사무실을 나와, 택시를 탄다. (사무실: le bureau)

→ Elle sort du bureau et prend le taxi.

(3) 나와 친구는 7시에 외출할 것이다. (근접미래로)

→ Mon ami(e) et moi sortons à 7 heures.

■ 3군 불규칙동사 partir

■ 다음 문장을 프랑스어로 써보세요.

(1) 나는 파리로 떠난다.

→ Je pars à Paris.

(2) 기차가 4시에 출발한다. (기차 : le train)

→ Le train part à 4 heures.

(3) 우리들은 여행을 떠날 것이다. (여행을 떠나다 : partir en voyage)

→ Nous allons partir en voyage.

[프랑스어 읽기]

상황 1

Cécile : Quel temps fait-il aujourd'hui ? [오늘 날씨 어떠니?]

Minsou : Il fait un peu mauvais. [날씨가 좀 안 좋아.]

Cécile : Quel temps fait-il en Corée au printemps ? [한국의 봄 날씨는 어떠니?]

Minsou : Il fait beau et doux comme en France. [프랑스처럼 날이 맑고 온화해.]

Cécile : Et en hiver ? [겨울에는?]

Minsou : Il fait froid et il neige beaucoup. [춥고 눈이 많이 내려.]

Cécile : Ah bon ? Et en été ? [아 그래? 그러면 여름에는?]

Minsou : Il fait très chaud et humide. [날이 무척 덥고 습해.]

Cécile : Oh là là ! Mais en automne ? [이런! 그러면 가을은?]

Minsou : Il fait frais et agréable. Je sors souvent au parc pour faire une promenade.
[시원하고 쾌청해. 나는 공원에 자주 산책을 나가.]

상황 2

Cécile : Minsou, quelle heure est-il ? [민수야, 지금 몇 시니?]

Minsou : Il est quatre heures et demie. [4시 반이야.]

Cécile : Oh là là... Je suis en retard. J'ai rendez-vous avec mon ami Eric.
[오 이런... 늦었네. 내 친구 에릭과 약속이 있는데.]

Minsou : À quelle heure ? [몇 시에?]

Cécile : À cinq heures. [5시에.]

Minsou : Où est-ce que tu rencontres ton ami ? [너는 어디서 친구를 만나기로 했는데?]

Cécile : Devant le cinéma. Le film commence à cinq heures vingt.
[영화관 앞에서. 영화가 5시 20분에 시작하거든.]

Minsou : Et après ? [그 다음엔?]

Cécile : Nous allons dîner au restaurant à côté du cinéma.
[우리는 영화관 옆에 있는 레스토랑에서 저녁식사 할 거야.]
Je dois partir maintenant. Salut ! [나는 지금 떠나야 해. 안녕!]

Minsou : Salut, bonne soirée ! [안녕, 좋은 저녁시간 보내!]

[프랑스어 쓰기]

① 오늘 나는 친구와 약속이 있다.	① Aujourd'hui, j'ai rendez-vous avec mon ami(e).
② 나는 친구와 영화를 볼 것이다.	② Je vais regarder un film avec mon ami.
③ 영화는 4시에 시작한다.	③ Le film commence à quatre heures.
④ 그런데 오늘 날씨가 좋지 않다.	④ Mais il ne fait pas beau aujourd'hui.
⑤ 비가 많이 내리고 있고 습하고 덥다.	⑤ Il pleut beaucoup et il fait humide et chaud.
⑥ 지금 시간은 두시 반이다.	⑥ Il est deux heures et demie.
⑦ 나는 버스를 타야만 한다.	⑦ Je dois prendre le bus.
⑧ 버스는 영화관 앞에 3시 20분에 도착한다.	⑧ Le bus arrive devant le cinéma à trois heures vingt.
⑨ 내 친구가 영화관 옆에 있다.	⑨ Mon ami(e) est à côté du cinéma.
⑩ 우리는 티켓을 사고 영화관에 들어간다.	⑩ Nous achetons des tickets et entrons dans le cinéma.

[프랑스어 말하기]

A : Il fait beau aujourd'hui. Qu'est-ce que tu vas faire ?
B : J'ai rendez-vous avec mon ami au cinéma.
A : À quelle heure ?
B : À 6 heures.
A : C'est très bien. Où est le sac de Paul ?
B : Il est sur la chaise.
A : Ah, je vois. À quelle heure finit le film?
B : À 7 heures et demie. Et toi, qu'est-ce que tu vas faire ?
A : Moi, je sors. Je vais faire du tennis avec mon ami Paul.
À quelle heure rentres-tu à la maison ?
B : Vers 10 heures.
A : C'est très bien. Bonne journée !
A: 오늘 날씨가 좋아. 너는 뭐 할 거야?
B: 영화관에서 친구와 약속이 있어.
A: 몇 시에?
B: 6시에.
A: 아주 잘 됐네. 폴의 가방은 어디 있니?
B: 의자 위에 있어.
A: 아, 그렇구나. 그 영화는 몇 시에 끝나니?
B: 7시 30분에. 그런데 너는 뭐 할 거니?
A: 나 나갈 거야. 내 친구 폴과 테니스를 칠 거야. 너는 몇 시에 집에 돌아올 거니?
B: 10시쯤.
A: 좋네. 좋은 하루 보내!

LEÇON 8

[핵심문법]

■ 대명동사

■ 다음 ( ) 안에 대명동사를 변화시켜 넣어보세요.

(1) Elle (se réveille) à 7 heures. → se réveiller

(2) Je (me couche) à 11 heures. → se coucher

(3) Ils (se promènent) au parc. → se promener

(4) Nous (nous reposons) à la maison. → se reposer

(5) Elles (se téléphonent) tous les jours. → se téléphoner

■ 다음 질문에 답해보세요.

(1) Tu t'appelles comment ?

→ Je m'appelle 000.

(2) Il se promène avec son chien ?

→ Non, il ne se promène pas avec son chien.

(3) Est-ce qu'elles s'aiment ?

→ Oui, elles s'aiment beaucoup.

(4) Vous vous réveillez à 8 heures ?

→ Non, je ne me réveille pas à 8 heures.

■ 근접과거

■ 다음 문장을 근접과거로 바꿔보세요.

(1) Tu sors de la maison.

→ Tu viens de sortir de la maison.

(2) Il fait du sport.

→ Il vient de faire du sport.

(3) Nous nous lavons.

→ Nous venons de nous laver.

(4) Vous arrivez au restaurant ?

→ Vous venez d'arriver au restaurant ?

(5) Je prépare le petit-déjeuner.

→ Je viens de préparer le petit-déjeuner.

■ 다음 주어진 단어들을 가지고 근접과거 문장으로 만들어 보세요.

(1) faire un gâteau, il, venir

→ Il vient de faire un gâteau.

(2) acheter deux vins, nous, venir

→ Nous venons d'acheter deux vins.

(3) se laver, je, venir

→ Je viens de me laver.

(4) manger une pizza, nous, venir

→ Nous venons de manger une pizza.

■ 목적보어 인칭대명사

■ 다음 밑줄 친 단어를 le, la, les, lui, leur로 바꿔 문장을 다시 써보세요.

(1) Tu parles à Thomas.

→ Tu lui parles.

(2) Elle téléphone à Marie et Pierre.

→ Elle leur téléphone.

(3) Je prends le taxi le matin.

→ Je le prends le matin.

(4) Nous regardons toujours la télévision.

→ Nous la regardons toujours.

(5) Vous achetez les chaussures ?

→ Vous les achetez.

(6) Elle aime Paul.

→ Elle l'aime.

(7) Nous donnons des livres et un cahier.

→ Nous les donnons.

■ 다음 질문에 답해보세요. (긍정문으로)

(1) Tu me téléphones ?

→ Oui, je te téléphone.

(2) Elle te donne un cadeau ?

→ Oui, elle me donne un cadeau.

(3) Vous achetez une voiture ?

→ Oui, je l'achète.

(4) Elle donne des chocolats aux enfants ?

→ Oui, elle leur donne des chocolats.

■ 대명동사 se promener

■ 다음 문장을 프랑스어로 써보세요.

(1) 나는 공원에서 산책한다.

→ Je me promène au parc.

(2) 나의 할아버지는 아침마다 개와 산책한다. (아침마다 : tous les matins)

→ Mon grand-père se promène avec son chien tous les matins.

(3) 우리들은 7시에 일어나서, 8시에 산책한다.

→ Nous nous levons à 7 heures et nous promenons à 8 heures.

(4) 그녀는 방금 전에 산책하고, 집에 들어온다.

→ Elle vient de se promener et elle rentre à la maison.

[프랑스어 읽기]

상황 1

Martin : Allô ? C'est moi. Tu es encore à la maison ? [여보세요? 나야. 너 아직도 집에 있는 거니?]
On a rendez-vous à neuf heures et demie devant le cinéma.
[우리 영화관 앞에서 9시 30분에 만나기로 약속했잖아.]

Minsou : Ah ! Je suis désolé. Je viens de me lever. [아! 미안해. 나 방금 전에 일어났어.]
Quelle heure est-il ? [지금 몇 시니?]

Martin : Il est neuf heures. [9시야.]

Minsou : Ah bon ! Je suis vraiment désolé. [아 그래! 정말 미안해.]
Je me dépêche. Je me lave et je m'habille rapidement, je pars tout de suite.
[서두를게. 내가 빨리 씻고 옷을 입을게, 그리고 곧 나갈게.]

Martin : D'accord. [알았어.]

[un peu plus tard]

Minsou : Pardon, je suis en retard. [미안해, 내가 늦었지.]

Martin : Ça va. Je viens d'acheter deux tickets. [괜찮아. 방금 전에 표 2장 샀어.]

Minsou : C'est très bien. Après le cinéma, je t'invite dans un restaurant français.
[잘했어. 영화를 본 후, 프랑스 레스토랑에 너를 초대할게.]

상황 2

Sophie : Tu es prêt ? [준비됐니?]

Minsou : Non, pas encore. Je me peigne et je m'habille. [아니, 아직. 머리도 빗고 옷도 입어야 해.]

Sophie : D'accord. Je prépare le petit-déjeuner. [알았어. 내가 아침 준비할게.]

Minsou : Merci. Je veux bien du café et un croissant, s'il te plaît.
[고마워. 나는 커피와 크로와쌍 한 개 먹고 싶어.]
Et toi, tu veux du café ? [그런데 너, 커피 마실래?]
Sophie : Non merci. Je viens de prendre une tasse de café. [아니 괜찮아. 방금 전에 커피 한잔 마셨어.]
Je te donne du sucre ? [너에게 설탕 줄까?]
Minsou : Oui, je veux bien. Qu'est-ce que tu vas faire après ? [응, 알았어. 그다음에 뭐 할거야?]
Sophie : Je vais me promener avec mon chien au parc. [내 개와 공원에서 산책할거야.]

[프랑스어 쓰기]

① 나는 방금 전에 일어났다.	① Je viens de me lever.
② 나는 좀 피곤하다.	② Je suis un peu fatigué(e).
③ 나는 씻고, 옷을 입는다.	③ Je me lave et je m'habille.
④ 지금 시간은 10시이다.	④ Il est dix heures.
⑤ 엄마가 나를 위해 아침을 준비해준다.	⑤ Ma mère prépare le petit-déjeuner pour moi.
⑥ 나는 서두른다. 11시 30분에 내 친구와 약속이 있다.	⑥ Je me dépêche. J'ai rendez-vous avec mon ami(e) à onze heures et demie.
⑦ 우리는 카페에서 만난다. 친구가 내게 선물을 준다.	⑦ Nous nous rencontrons au café. Mon ami(e) me donne un cadeau.
⑧ 그것은 책이다.	⑧ C'est un livre.
⑨ 나는 친구와 공원을 산책하고, 집으로 돌아온다.	⑨ Je me promène avec mon ami(e) et je rentre chez moi.
⑩ 오늘 저녁 나는 9시에 잠자리에 들것이다.	⑩ Ce soir, je vais me coucher à neuf heures.

[프랑스어 말하기]

A : Paul, Sylvie vient de t'appeler. Tu es encore au lit ?
B : Non, je viens de me lever.
A : Tu es prêt à prendre le petit-déjeuner ?
B : Oui, je suis prêt.
A : Qu'est-ce que tu veux prendre ? Du café ou du lait ?
B : Je veux bien du lait, s'il te plaît.
A : Tiens. Je te donne du pain ?
B : Oui, je veux bien. J'ai faim.
A : Tu vas te reposer aujourd'hui à la maison ?
B : Non, j'ai rendez-vous avec mon amie Sylvie.
A : Tu as rendez-vous à quelle heure ?
B : À 10 heures. Quelle heure est-il ?

A : Il est 9 heures. Tu vas être en retard. Tu as rendez-vous où ?

B : On se rencontre au parc.

A : Qu'est-ce que vous allez faire là-bas ?

B : Nous allons nous promener et nous allons faire du jogging.

A : D'accord. Tu te dépêches !

A: 폴, 실비가 방금 전화했어. 아직 침대에 있어?

B: 아뇨, 방금 일어났어요.

A: 아침 먹을 준비 됐니?

B: 네, 준비됐어요.

A: 뭐 마시고 싶니? 커피 아니면 우유?

B: 우유 주세요.

A: 자 여기. 빵 줄까?

B: 네, 주세요. 배가 고파요.

A: 오늘 집에서 쉴 거니?

B: 아뇨, 제 친구 실비랑 약속이 있어요.

A: 몇 시에 약속이 있니?

B: 10시에요. 지금 몇 시예요?

A: 9시야. 넌 늦을 거야. 어디서 만날 거야?

B: 공원에서 만나요.

A: 너희들은 거기서 뭘 할거니?

B: 우리는 산책을 하고 조깅을 할 거예요.

A: 알았다. 서둘러!

LEÇON 9

[핵심문법]

■ 명령문

■ 다음 문장을 긍정 명령문으로 바꿔보세요.

(1) Nous allons au restaurant français.

→ Allons au restaurant français.

(2) Tu invites les amis.

→ Invite les amis.

(3) Vous achetez du fromage.

→ Achetez du fromage.

(4) Tu téléphones à Lucie.

→ Téléphone à Lucie.

(5) Vous faites du tennis.

→ Faites du tennis.

■ 다음 문장을 부정명령문으로 바꿔보세요.

(1) Nous fermons la fenêtre.

→ Ne fermons pas la fenêtre.

(2) Tu te lèves tard.

→ Ne te lève pas tard.

(3) Vous achetez du pain.

→ N'achetez pas de pain

(4) Tu habites avec ton amie.

→ N'habite pas avec ton amie.

■ 중성대명사 y

■ 다음 밑줄 친 부분을 중성대명사 y로 바꿔보세요.

(1) Le chat est devant la porte.

→ Le chat y est.

(2) Nous pensons à nos examens.

→ Nous y pensons.

(3) Elle achète les légumes au supermarché.

→ Elle y achète les légumes.

(4) Le cinéma est en face de la poste.

→ Le cinéma y est.

■ 다음 질문에 중성대명사 y를 사용하여 대답해보세요.

(1) Vous pensez à votre voiture ?

→ Oui, j'y pense.

(2) Tu vas à la gare de Séoul ?

→ Non, je n'y vais pas.

(3) Elle travaille dans le café ?

→ Oui, elle y travaille.

(4) Vous rentrez chez vous?

→ Oui, j'y rentre.

(5) Ils vont en France ?

→ Non, ils n'y vont pas.

■ 중성대명사 EN

■ 다음 질문에 중성대명사 en을 사용하여 긍정과 부정으로 대답해보세요.

(1) Vous avez des amis ?

→ Oui, j'en ai.

→ Non, je n'en ai pas.

(2) As-tu du pain ?

→ Oui, j'en ai.

→ Non, je n'en ai pas.

(3) Est-ce qu'elle a de l'argent ?

→ Oui, elle en a.

→ Non, elle n'en a pas.

(4) Vous voulez combien de pommes ?

→ J'en veux deux.

■ 다음 질문에 중성대명사 en을 사용하여 긍정과 부정으로 대답해보세요.

(1) Tu as besoin de mon aide ?

→ Oui, j'en ai besoin.

→ Non, je n'en ai pas besoin.

(2) Vous sortez de la maison avec votre enfant ?

→ Oui, j'en sors avec mon enfant.

→ Non, je n'en sors avec mon enfant.

(3) Elle rentre de vacances ?

→ Oui, elle en rentre.

→ Non, elle n'en rentre pas.

(4) Le métro part de la station Séoul à 9 heures ?

→ Oui, il en part à 9 heures.

→ Non, il n'en part pas à 9 heures.

(5) La banque est près de l'école ?

→ Oui, elle en est près.

→ Non, elle n'en est pas près.

■ 무관사 명사

■ 다음 문장을 프랑스어로 써보세요.

(1) 그는 목이 아프다. (목 : la gorge)

→ Il a mal à la gorge.

(2) 그녀는 프랑스어를 배우고 싶어한다. (배우다 : apprendre)

→ Elle a envie d'apprendre le français.

(3) 지금 나는 피곤하고 졸리다.

→ Maintenant, je suis fatigué(e) et j'ai sommeil.

(4) 나는 배가 고프다. 그래서 빵이 필요하다.

→ J'ai faim. Alors j'ai besoin de pain.

■ 3군 불규칙동사 attendre

■ 다음 ( ) 안에 알맞은 동사 변화를 넣어보세요.

(1) Le dîner vous (attend). 저녁이 준비되어 있다.

(2) Elle (attend) son ami devant la banque.

그녀는 은행 앞에서 그녀의 친구를 기다린다.

(3) Mes parents (attendent) un taxi. 나의 부모님은 택시를 기다린다.

(4) (Attendez) ! 잠깐만요!

■ 3군 불규칙동사 voir

■ 다음 문장을 프랑스어로 써보세요.

(1) 나는 폴을 영화관 앞에서 본다.

→ Je vois Paul devant le cinéma.

(2) 그녀는 에펠탑을 본다. (에펠탑 : la tour Eiffel)

→ Elle voit la tour Eiffel.

(3) 우리는 사장을 만나고 싶다. (사장 : le directeur)

→ Nous voulons voir le directeur.

[프랑스어 읽기]

상황 1

Christine : J'ai chaud et j'ai soif. [덥고 목이 마르네.]

Minsou : Regarde ! Il y a un café là-bas. [봐! 저기 커피숍이 있어.]

Christine : Où ? Je ne le vois pas. [어디? 안 보이는데.]

Minsou : A côté de la poste ! Ah regarde, ton amie Sylvie, elle y est !
[우체국 옆에! 아 봐, 너의 친구 실비, 그녀가 저기에 있네!]

Christine : Ah bon ! [아 그래!]

[dans le café]

Christine : Salut, Sylvie. Qu'est-ce que tu fais ici ? [안녕, 실비. 너 여기서 뭐하니?]

Sylvie : J'attends mon ami. Et toi, tu viens au café avec ton ami ?
[내 친구 기다려. 그런데 너, 네 친구와 커피숍에 온 거니?]

Christine : Oui, j'y viens avec mon ami Minsou. Bonne journée !
[응, 내 친구 민수와 여기에 온 거야. 좋은 하루 보내!]

Sylvie : Toi aussi. [너도.]

[...]

Christine : Qu'est-ce que tu veux prendre ? [뭐 마시고 싶니?]

Minsou : Je prends du coca. Et toi ? [콜라 마실래. 너는?]

Christine : Moi, un jus d'orange. [나는 오렌지 쥬스.]

Minsou : Ah, je prends un sandwich. J'ai faim. Tu en veux ?
[아, 나 샌드위치 먹을래. 배가 고프네. 너도 그것을 먹을래?]

Christine : Non merci, je n'en veux pas. Je n'ai pas faim.
[아니 괜찮아, 나는 샌드위치 먹고 싶지 않아. 배가 안고파]

상황 2

Serveur : Bonjour, mademoiselle. Qu'est-ce que vous prenez ?
[안녕하세요. 무엇을 드시겠습니까?]

Somi : Comme entrée, une salade de tomates et comme plat principal, un steak s'il vous plaît.
[전채요리로는 토마토 샐러드, 그리고 메인요리로는 스테이크 하나 주세요.]

Serveur : Et comme boisson ? Vin rouge ou vin blanc ? [술은요? 레드 와인 또는 화이트 와인?]

Somi : Non, seulement une carafe d'eau s'il vous plaît. [아니요. 물 한 병 만 주세요.]

Serveur : Très bien. [알겠습니다.]

[Après le repas] [식사 후]

> Serveur : Voulez-vous du café ? [커피 드시겠어요?]
> Somi : Oui, j'en veux avec du sucre s'il vous plaît. [네, 설탕을 넣은 커피 주세요.]
> Serveur : Entendu, mademoiselle. [알겠습니다.]

[프랑스어 쓰기]

① 지금 시간은 1시 30분이다. 나는 덥고 배가 아주 고프다.	① Il est une heure et demie. J'ai chaud et j'ai très faim.
② 나는 커피숍이나 레스토랑에 가고 싶다.	② Je veux aller dans un café ou dans un restaurant.
③ 영화관 옆에 커피숍이 있다.	③ Il y a un café à côté du cinéma.
④ 나는 곧장 그곳에 간다.	④ J'y vais tout de suite.
⑤ 나는 샌드위치와 함께 콜라가 먹고 싶다.	⑤ Je veux prendre du coca avec un sandwich.
⑥ 나는 그것을 주문한다.	⑥ j'en commande.
⑦ 바로 그 때, 내 친구가 커피숍 앞을 지나간다.	⑦ À ce moment là, mon ami passe devant le café.
⑧ 나는 소리친다. "날이 더워. 이곳으로 와"	⑧ Je crie : "Il fait chaud. Viens ici"
⑨ 내 친구는 나와 함께 수다떠는 것을 좋아한다.	⑨ Mon ami(e) aime bavarder avec moi.

[프랑스어 말하기]

> A : Aujourd'hui, c'est ton anniversaire. Je t'invite au restaurant français.
> B : C'est gentil.
>
> [dans le restaurant français.]
> A : Tiens la carte, choisis le plat que tu aimes.
> B : D'accord.
> A : Moi, je prends le plat du jour. Et toi ?
> B : Moi, je prends de la salade comme entrée et le rôti de poulet comme plat principal.
> A : C'est très bien. Tu veux du vin ?
> B : Oui, j'en veux bien. Et toi ?
> A : Moi, je n'aime pas le vin. Je prends de l'eau.
>
> [après le repas]
> A : Tu veux un dessert ?
> B : Non merci.
> A : Allez, prends-en. La glace, c'est délicieux.
> B : D'accord.

A: 오늘이 네 생일이야. 프랑스 레스토랑에 너를 초대할게.

B: 고마워.

[프랑스 식당에서]

A: 자 여기 메뉴판. 네가 좋아하는 음식을 골라봐.

B: 알았어.

A: 나는 오늘의 요리로 할게. 너는?

B: 전채요리로 샐러드를 먹고 닭고기는 메인요리로 먹을게.

A: 좋아, 와인 좀 마실래?

B: 응, 그러고 싶어. 너는?

A: 나는 와인을 좋아하지 않아. 물을 마실게.

[식사 후]

A: 후식 먹을래?

B: 아니 괜찮아.

A: 자, 먹자. 아이스크림, 정말 맛있어.

B: 좋아 알았어.

LEÇON 10

[핵심문법]

■ 비교급

■ 다음 ( ) 안에 알맞은 비교급을 넣어보세요.

(1) La cuisine française est (meilleure) que la cuisine allemande.

프랑스 요리는 독일 요리보다 더 좋다.

(2) Elle danse (mieux) qu'Anne.

그녀는 안나보다 춤을 더 잘 춘다.

(3) Le train est (moins) rapide que l'avion.

기차는 비행기보다 덜 빠르다.

(4) J'ai (autant de) voitures que Julie.

나는 줄리만큼 차를 가지고 있다.

(5) En Corée, il fait (plus) chaud qu'en France.

한국은 프랑스보다 더 덥다.

■ 2군 규칙동사

■ 다음 ( ) 안에 알맞은 동사변화를 넣어보세요.

(1) Ils (finissent) leurs devoirs ce soir. → finir

(2) Mon père et ma mère (bâtissent) une maison pendant 1 an. → bâtir

(3) Mon professeur (réfléchit) toujours. → réfléchir

(4) Vous (finissez) votre dîner jusqu'à 9 heures. → finir

(5) Elle (choisit) un pantalon rouge dans le magasin. → choisir

■ 다음 주어진 단어들을 가지고 문장을 만들어 보세요.

(1) qu'est-ce que, choisir, elle (의문문으로)

→ Qu'est-ce qu'elle choisit ?

(2) chaque année, grandir, bien, les arbres

→ Les arbres grandissent bien chaque année.

(3) le cours, finir, tard, aujourd'hui, mon professeur

→ Mon professeur finit tard le cours aujourd'hui.

(4) sa proposition, réfléchir à, nous

→ Nous réfléchissons à sa proposition.

■ 지시형용사

■ ( ) 안에 알맞은 지시형용사를 넣어보세요.

(1) (Ces) oignons sont gros.

(2) Elles veulent lire (ce) livre.

(3) Elle vient d'acheter (cette) maison.

(4) (Cet) acteur est célèbre.

(5) Elle porte toujours (ces) chaussures.

■ 다음 ( ) 안에 지시형용사를 넣어보세요.

(1) A: Tu arrives quand ?

B: (Ce) soir.

(2) (Ce) matin, tu as cours ?

(3) Qu'est-ce que tu fais (ce) week-end ?

(4) A: Quand partez-vous en France ?

B: (Cette) année.

(5) (Cet) après-midi, le magasin est fermé.

■ 수량 표현

■ 다음 주어진 단어들을 가지고 문장을 만들어 보세요.

(1) 3 kilos de, vouloir, pommes de terre, je

→ Je veux 3 kilos de pommes de terre.

(2) 2 paquets de, acheter, lessive, ma mère (근접과거로)

→ ma mère vient d'acheter 2 paquets de lessive.

(3) 4 morceaux de, prendre, viande, elle (근접미래로)

→ Elle va prendre 4 morceaux de viande.

(4) 2 bouteilles de, pouvoir boire, jus d'orange, vous

→ Vous pouvez boire 2 bouteilles de jus d'orange.

[프랑스어 읽기]

상황 1

Martin : Ce matin, il y a le marché. On y va ensemble. [오늘 아침, 시장이 열려. 거기에 같이 가자.]

Somi : D'accord. [알았어.]

[au marché] 시장에서

Martin : Aujourd'hui, les oranges sont bonnes. [오늘, 오렌지가 좋네.]

Somi : Les fraises sont meilleures que les oranges. [딸기가 오렌지 보다 더 좋은데.]

Martin : Entendu. Un kilo de fraises, s'il vous plaît. [알았어. 딸기 1킬로 주세요.]

Vendeur : Oui, et avec ça ? [네 알겠습니다. 그리고 또 뭐가 필요하시죠?]

Somi : On doit acheter des pommes. [사과도 사야해.]

Martin : D'accord. Choisis des pommes bien grosses. [알았어. 아주 굵은 사과를 골라봐.]

Somi : Oui (...) C'est combien, les pommes ? [응 (....) 사과는 얼마예요?]

Vendeur : Deux euros vingt le kilo. [1킬로에 2유로입니다.]

Martin : D'accord, ça me va. Je prends aussi un melon, s'il vous plaît. [좋아요. 멜론 한 개도 주세요.]

상황 2

Martine : Regarde ! Cette jupe est très jolie. [봐! 이 치마 아주 예뻐.]

Somi : Je trouve que non. [내가 생각하기에 아닌 것 같아.]

Martine : Ah bon ! [아 그래!]

Somi : Choisis plutôt un pantalon. Est-ce que tu peux essayer ce pantalon noir ?
[대신 바지를 골라봐. 이 검은색 바지 입어볼 수 있어?]

Martine : D'accord. [알았어.]

[un peu plus tard]

Somi : Ce pantalon te va très bien. [이 바지가 너에게 아주 잘 어울려.]

Martine : C'est vrai ? Bon, je vais le prendre. C'est combien, s'il vous plaît. ?
[정말? 그럼, 이것으로 살게. 얼마죠?]

Vendeur : C'est trente euros. [30유로입니다.]

Martine : Ce n'est pas cher. [비싸지 않네.]

Vendeur : Il est moins cher que les autres pantalons. [이 바지가 다른 바지보다도 쌉니다.]

[프랑스어 쓰기]

① 나는 티셔츠 하나를 사고 싶다. ② 그래서 나는 친구와 옷 가게에 간다. ③ 나는 노란색 티셔츠를 고른다. ④ 나는 그것을 친구에게 보여준다. ⑤ 내 친구는 나에게 말한다 : "그 티셔츠는 너에게 어울리지 않아" ⑥ 내 친구는 나를 위해 파란색 티셔츠를 고른다. ⑦ 그 티셔츠는 노란색 티셔츠보다 싸다. ⑧ 그 티셔츠는 10유로이다	① Je veux acheter un t-shirt. ② Alors je vais au magasin de vêtements avec mon ami(e). ③ Je choisis un t-shirt jaune. ④ Je le montre à mon ami(e). ⑤ Mon ami(e) me dit : "Ce t-shirt ne te va pas bien." ⑥ Mon ami(e) choisit un t-shirt bleu pour moi. ⑦ Ce t-shirt est moins cher que le t-shirt jaune. ⑧ Ce t-shirt coûte 10 euros.

[프랑스어 말하기]

A : Aujourd'hui, je suis libre. Je peux t'accompagner dans un magasin de vêtements.

B : Merci. C'est gentil.

A : Qu'est-ce que tu veux acheter ?

B : J'ai besoin d'une robe.

[dans un magasin de vêtements]

A : Cette robe noire est très jolie. Qu'est-ce que tu en penses ?

B : Non, je n'aime pas le noir.

A : Quelle couleur aimes-tu ?

B : J'aime le rouge.

A : Ah. Là-bas, il y a une robe rouge. Mais, elle est plus petite que cette robe noire.

B : C'est vrai.

A : Choisis plutôt un pantalon.

B : Je ne porte pas souvent un pantalon.

A : Ah bon, tu préfères la robe au pantalon ?

B : Oui, c'est ça.

A: 나는 오늘 시간 있어. 옷가게에 같이 갈 수 있어.

B: 고마워.

A: 뭘 사고 싶은데?

B: 원피스가 필요해.

[옷가게에서]

A: 이 검은 원피스는 정말 예쁘다. 어떻게 생각해?

B: 아니, 나는 검은색을 싫어해.

A: 어떤 색을 좋아해?

B: 나는 빨간색을 좋아해.

A: 아. 저기 빨간 색 원피스가 있네. 하지만 이 검은 색 원피스보다 더 작네.

B: 그러네.

A: 바지를 골라.

B: 나는 바지를 자주 입지 않아.

A: 아, 그래. 너는 바지보다 원피스를 더 좋아하니?

B: 응.

LEÇON 11

[핵심문법]

- 단순미래
  - 다음 문장을 단순미래로 바꿔보세요.

(1) Il a 20 ans.

→ Il aura 20 ans.

(2) Je me promène avec mon chien.

→ Je me promènerai avec mon chien.

(3) Elle vient de l'école.

→ Elle viendra de l'école.

(4) Mon père met le chapeau noir.

→ Mon père mettra le chapeau noir.

(5) Vous faites du sport avec vos amis.

→ Vous ferez du sport avec vos amis.

(6) Nous sommes libres.

→ Nous serons libres.

■ 다음 주어진 단어들을 가지고 미래형 문장을 만들어 보세요.

(1) dans un mois, aller, en France, elle

→ Elle ira en France dans un mois.

(2) demain, venir, de Paris, Paul et Julie

→ Paul et Julie viendront de Paris demain.

(3) cet été, partir, en vacances, tu (의문문으로)

→ Tu partiras en vacances cet été ?

(4) en avril, voir, son ami, en Italie, elle

→ Elle verra son ami en Italie en avril.

(5) dans 5 jours, écrire à, mes parents, une lettre, je

→ J'écrirai une lettre à mes parents dans 5 jours.

■ 전치사 en / à : 교통수단 표현

■ 다음 ( ) 안에 해당하는 전치사를 넣어보세요.

(1) Je vais en Italie (en) bateau.

(2) Ils sont allés à Paris (en) avion.

(3) Vous venez ici (à) pied ?

(4) Ce matin, je vais aller à l'école (en) métro.

■ 다음 문장을 프랑스어로 써보세요.

(1) 나와 내 동생은 걸어서 집에 간다.

→ Mon frère et moi allons à la maison à pied.

(2) 그녀는 매일 버스로 학교에 간다.

→ Elle va à l'école en bus tous les jours.

(3) 나는 내일 자동차로 리옹역에 갈 것이다. (리옹역 : la gare de Lyon)

→ Demain je vais à la gare de Lyon en voiture.

(4) 지하철로 한 시간이 걸린다. (~(시간)이 걸리다 : ça prend~)

→ Ça prend une heure en métro.

■ 1군 규칙동사 변칙형 voyager

■ 다음 문장을 프랑스어로 써보세요.

(1) 나는 이번 주에 여행한다.

→ Je voyage cette semaine.

(2) 우리는 프랑스로 여행하지 않는다.

→ Nous ne voyageons pas en France.

(3) 그녀들은 작은 가방들을 가지고 여행한다. (가방: un sac)

→ Elles voyagent avec des petits sacs.

(4) 내 여동생은 혼자서 여행하지 않는다. (혼자서: toute seule)

→ Ma soeur ne voyage pas toute seule.

■ 3군 불규칙 동사 savoir

■ 다음 문장을 프랑스어로 써보세요.

(1) 나는 프랑스어를 할 줄 안다. (~할 줄 알다 : savoir +동사원형)

→ Je sais parler français.

(2) 나는 모른다.

→ Je ne sais pas.

[프랑스어 읽기]

상황 1

Luc : Qu'est-ce que tu vas faire pendant les vacances d'été ? [여름 방학 때 뭐 할 거니?]

Somi : Moi, j'irai chez ma copine. J'y resterai pendant une semaine.
[난 친구(여자) 집에 갈 거야. 일주일 동안 거기에 있을 거야.]

Luc : Super ! Et après ? [좋네! 그리고 나서?]

Somi : Ma famille viendra me voir à Paris. Et nous voyagerons ensemble en Europe.
[우리 가족이 파리에 나를 보러 올 거야. 그리고 우리는 함께 유럽을 여행할 거야.]

Luc : Wow, c'est très bien. Comment vous voyagerez ?
[와우, 아주 좋네. 무엇으로 여행할 거야?]

Somi : En train. Et toi, tu ne partiras pas en voyage ? [기차로. 그런데 너, 너는 여행 안 갈 거니?]

Luc : Je ne sais pas encore. [아직 모르겠어.]

상황 2

Luc : Qu'est-ce que tu feras ce week-end ? [이번 주말에 뭐 할 거니?]

Somi : Pourquoi ? [왜?]

Luc : Je te propose de venir chez mes grands-parents avec moi.
[나와 함께 우리 조부모님 댁에 가는 것을 너에게 제안하려고.]

Somi : C'est dommage. [아쉽네.]
Je vais devoir aller à la bibliothèque pour finir mes devoirs.
[숙제를 끝내려면 도서관에 가야만 해.]
Tes grands-parents, ils habitent où ? [너의 조부모님, 그들은 어디 사니?]
Luc : Ils habitent à Lyon. [그들은 리용에 사셔.]
Somi : Comment tu y vas ? [너는 거기에 어떻게 가니?]
Luc : J'y vais en voiture. [자동차로 가.]
Somi : La prochaine fois, je t'accompagnerai. [다음 번에는 내가 같이 갈게.]

[프랑스어 쓰기]

① 나는 내 친구에게 묻는다. : "내년에 너는 무엇을 할 거니?"	① Je demande à mon ami : "Qu'est-ce que tu feras l'année prochaine ?"
② 내 친구는 내게 대답한다.	② Mon ami(e) me répond.
③ "나는 내년에 프랑스로 갈 거야. 나는 프랑스어를 거기에서 1년 동안 공부할 거야.	③ "J'irai en France l'année prochaine. J'y étudierai le français pendant 1 an.
④ 그리고 한국에 다시 돌아올거야."	④ Et je retournerai en Corée."
⑤ 나는 내 친구에게 내 계획을 말한다.	⑤ Je parle de mon projet.
⑥ "나는 내년에 여행을 할 거야. 먼저 일본과 중국은 혼자서 여행할 것이고, 그 후에 부모님과 유럽을 여행할거야."	⑥ "Je voyagerai l'année prochaine. D'abord, je partirai tout(e) seul(e) au Japon et en Chine et après je voyagerai en Europe avec mes parents."
⑦ 유럽 여행, 그것은 부모님을 위한 나의 선물이다. 내년에 나의 아버지는 60살이 된다.	⑦ Le voyage en Europe, c'est mon cadeau pour mes parents. Mon père aura 60 ans l'année prochaine.

[프랑스어 말하기]

A : Bonjour ! Ça va bien ?
B : Oui, ça va très bien. Où vas-tu ?
A : Je vais au magasin pour acheter un maillot de bain.
B : Pourquoi ?
A : J'irai à Nice pendant les vacances d'été. J'y nagerai avec mes amis.
B : Super ! Tu resteras combien de temps là-bas ?
A : J'y resterai pendant deux semaines. Et après je partirai à Paris pour suivre un cours de français.
B : C'est très bien.
A : Et toi, qu'est-ce que tu feras pendant les vacances d'été ?
B : Je retournerai chez mes parents et j'y resterai.
A : Ah bon. Où habitent-ils ?

B : Ils habitent à la campagne. Je me promènerai et je lirai tranquillement.

A : C'est une bonne idée.

A: 안녕. 잘 지내니?

B: 응, 잘 지내. 어디 가니?

A: 수영복을 사러 가게에 가.

B: 왜?

A: 저는 여름 방학 때 니스에 갈 거야. 거기서 친구들과 수영할 거야.

B: 아주 좋네! 거기 얼마나 있을 거야?

A: 2주 동안 그곳에 있을 거야. 그리고 나서 나는 프랑스어 수업을 듣기 위해 파리로 갈 거야.

B: 아주 좋아.

A: 그런데 너는 여름 방학에 뭐 할 거니?

B: 나는 부모님 댁으로 돌아가서 그곳에 지낼 거야.

A: 아, 그래. 그들은 어디에 살아?

B: 부모님은 시골에 살아. 나는 산책을 하고 조용히 책을 읽을 거야.

A: 좋은 생각이네.

LEÇON 12

[핵심문법]

■ 복합과거

■ 다음 문장을 복합과거로 써보세요.

(1) Mme. Dupont a un chien. → Mme. Dupont a eu un chien.

(2) Elle est à Berlin. → Elle a été à Berlin.

(3) Nous attendons Paul devant le cinéma. → Nous avons attendu Paul devant le cinéma.

(4) Nous finissons notre cours. → Nous avons fini notre cours.

(5) Mon grand-père lit une lettre. → Mon grand-père a lu une lettre.

(6) Vous buvez du coca. → Vous avez bu du coca.

(7) Il neige beaucoup. → Il a beaucoup neigé.

(8) Je fais du gâteau. → J'ai fait du gâteau.

■ 다음 문장을 복합과거로 바꿔보세요.

(1) Il devient un chanteur célèbre. → Il est devenu un chanteur célèbre.

(2) Elle vient de France. → Elle est venue de France.

(3) Nous partons en voyage. → Nous sommes parti(e)s en voyage.

(4) Je vais à la banque. → Je suis allé(e) à la banque.

(5) Elle arrive à l'hôtel. → Elle est arrivée à l'hôtel.

(6) Ils se promènent au parc. → Ils se sont promenés au parc.

(7) Elle se lave les mains. → Elle s'est lavé les mains.

(8) Je monte par l'escalier. → Je suis monté(e) par l'escalier.

■ 수량 표현 : 수량 부사 + de ~

■ 다음 주어진 단어들을 가지고 문장을 만들어 보세요.

(1) beaucoup de, avoir, jupe, Sylvie 실비는 치마가 많이 있다.

→ Sylvie a beaucoup de jupes.

(2) trop de, il y a, touriste 너무 많은 관광객들이 있다.

→ Il y a trop de touristes.

(3) assez de, avoir, viande, vous 당신은 고기를 충분히 가지고 있습니까?

→ (의문문 형태로) Avez-vous assez de viande ?

(4) peu de, avoir, amis, il 그는 친구가 별로 없다.

→ (복합과거 형태로) Il a acheté peu de beurre.

[프랑스어 읽기]

상황 1

Luc : Ça va bien ? [잘 지내?]

Somi : Oui, bien merci. [응, 잘 지내 고마워]

Luc : Est-ce que tu as passé de bonnes vacances d'hiver en Corée ?
[한국에서 겨울방학 잘 보냈어?]

Somi : Oui, j'ai rencontré beaucoup d'amis et je suis allée à la mer avec eux.
[응, 친구들을 많이 만났고, 그들과 같이 바다에 갔었어.]

Luc : Super ! [최고네!]

Somi : Et toi, qu'est-ce que tu as fait pendant les vacances ? [너는 방학 때 뭐했니?]

Luc : J'ai travaillé dans un café en semaine, et le week-end, soit je suis sorti avec mes amis, soit j'ai invité mes amis chez moi.
[주중에는 카페에서 일했고, 주말에는 친구들과 외출하거나 친구들을 집으로 초대했어.]

On a préparé ensemble la cuisine et on a regardé des films à la télé.
[우리는 함께 요리를 준비하고, TV로 영화를 보았어.]

Somi : Ce week-end, tu es libre ? Je t'invite chez moi. [이번 주말에 시간 있어? 우리 집에 초대할게.]

Luc : Avec plaisir ! Je suis libre. [기꺼이! 나 한가해.]

상황 2

Luc : Bonjour ! Tu as l'air en forme aujourd'hui ! [안녕! 너 오늘 컨디션 좋구나!]

Somi : Oui, je ne suis pas fatiguée. Et toi ? [응, 피곤하지 않아. 너는?]

Luc : Ça va bien. Qu'est-ce que tu as fait hier ? [좋아, 너는 어제 뭐 했어?]

Somi : Je suis allée dans un restaurant avec ma copine. [내 여자친구와 레스토랑에 갔었어.]

Luc : Qu'est-ce que vous avez pris ? [뭐 먹었어?]

Somi : Nous avons pris des spaghettis avec une pizza. Et toi ?
[우리는 피자와 함께 스파게티를 먹었어. 그런데 너는?]

Luc : Moi, j'ai étudié toute la journée. La semaine prochaine, j'ai un examen.
[나는 하루 종일 공부했어. 다음 주에 시험이 있어.]

Somi : Je veux t'inviter ce soir dans ce restaurant. C'est possible ?
[오늘 저녁에, 이 레스토랑에 너를 초대하고 싶어. 가능하니?]

Luc : Oui, bien sûr. [그럼, 당연하지.]

[프랑스어 쓰기]

① 지난 주에 나는 부모님 집에 갔었다.	① La semaine dernière, je suis allé(e) chez mes parents.
② 부모님은 도시 외각에 사신다.	② Mes parents habitent en banlieue.
③ 지난 토요일은 엄마의 생일이었다.	③ Samedi dernier, c'était l'anniversaire de ma mère.
④ 엄마는 많은 친구들을 초대했다.	④ Ma mère a invité beaucoup d'amis.
⑤ 나는 엄마가 점심 식사 준비하는 것을 도왔다.	⑤ J'ai aidé ma mère à préparer le déjeuner.
⑥ 엄마 친구들은 엄마에게 생일 선물을 주었다. 나도 엄마에게 꽃을 드렸다.	⑥ Les amis de ma mère lui ont donné des cadeaux. J'ai aussi offert des fleurs à ma mère.
⑦ 엄마는 아주 행복해하셨다.	⑦ Ma mère était très heureuse.
⑧ 식사 후에 나는 커피 한잔을 정원에서 마셨다.	⑧ Après le repas, j'ai pris une tasse de café au jardin.
⑨ 그리고 나는 버스를 타고 집으로 돌아왔다.	⑨ Et je suis revenu(e) chez moi en bus.

[프랑스어 말하기]

A : Qu'est-ce que tu as fait la semaine dernière ?

B : Je suis allé(e) à la mer avec mes amis.

A : Il y avait beaucoup de monde ?

B : Oui. Nous avons pris le soleil sur la plage, et j'ai nagé. C'était bien, et toi ?

A : Moi, j'ai invité mes amis chez moi.

B : Qu'est-ce que vous avez fait à la maison ?

A : Nous avons lu des livres et nous avons écouté de la musique.

B : Et ensuite ?

A : Nous avons préparé le dîner et nous avons regardé un film à la télé.

B : Tu t'es bien reposé(e), n'est-ce pas ?

A : Oui, c'est vrai.

A: 지난주에 뭐 했어?

B: 친구들과 바다에 갔었어.

A: 사람들이 많았니?

B: 응. 우리는 해변에서 햇볕을 쬐고, 그리고 나는 수영을 했어. 너무 좋았어. 너는?

A: 나는 내 친구들을 집으로 초대했어.

B: 집에서 뭐 했어?

A: 우리는 책을 읽고 음악을 들었어.

B: 그런 다음은?

A: 저녁을 준비하고 TV로 영화를 봤어.

B: 아주 잘 쉬었네. 그렇지?

A: 응, 맞아.

김선미

경기대학교 불어불문학과를 졸업하고 프랑스 국립 Aix-Marseille I 대학교에서 언어학 박사 학위를 받았다. 현재 경기대학교 글로벌어문학부 프랑스어문전공 교수로 재직 중이다.
저서로는『매일 프랑스어 일기쓰기』,『주제별 프랑스어 생활 작문』,『쉽게 익히는 프랑스어 회화』,『실용 프랑스어 쓰기와 실전』이 있고, 공저로『거리에서 배우는 프랑스어』,『DELF A1, A2, B1, B2』,『매일 프랑스어 회화』,『매일 즐거운 프랑스어 문법』,『기본 실전 프랑스어』,『매일 프랑스어 입문』,『The 바른 프랑스어』,『DELF A1 학습과 활용』 등이 있으며,『토끼와 나』,『몸의 시학』,『그림형제 동화집』 등을 번역하였다.

실용 기초 프랑스어

초판 1쇄 발행 _ 2022년 12월 27일

저 자 · 김 선 미
발행인 · 정 현 걸
발 행 · 신 아 사
인 쇄 · 토탈프로세스 / 한승
주 소 · 서울특별시 은평구 통일로 59길 4 (2층)
전 화 · (02) 382-6411 팩스 · (02) 382-6401
홈페이지 · www.shinasa.co.kr
E-mail · shinasa@daum.net
출판등록 · 1956년 1월 5일 (제 9-52호)

ISBN : 979-11-92428-43-7 (93760)

정가 18,000원